ID
知的障害児の
　　野外キャンプ

小野　晃

同成社

はじめに

　横浜YMCAでは障害児、高齢者を対象としたさまざまなプログラム開発が行われており、本書で紹介しているプロジェクトSeed（シード）もその一つである。
　プロジェクトSeedは「種」、「発芽」の意味であり、プログラムに参加する障害児・者、そしてボランティアの若者たちが活動を通して成長（種が発芽）することを願って1997年につくられたものである。プロジェクトSeedの発足は、当時厚木（神奈川県）に在住している障害を持つ子どもたちの身体活動の拠点があまりにも少ないという保護者からのニーズに応えたものである。また、障害児の多くは、本来ならば遊びを通して獲得すべき姿勢制御能力、運動能力、認知能力が著しく劣っていることから、感覚統合の理論をベースにし、主に身体活動を軸としたプログラムの作成を行ってきた。感覚統合の基本原理は、意図的に外乱刺激（加速度、不安定条件）を各感覚受容器（前庭覚、視覚、固有覚）に与え、これらの刺激を大脳で統合させ、適切な運動反応を導き出そうとするものである。プロジェクトの発足当時は、これらのプログラムを体育館内で人工的遊具を中心に創作し、これらの成果は、2000年に『知的障害者の運動トレーニング』（同成社）としてまとめた。本書は、室内のフィールドを野外に移し、雪・氷・海・川といった自然の中にある外乱刺激を利用し、感覚統合野外キャンププログラムとして創作してきた内容を紹介したものである。
　近年、障害者を対象としたキャンプは盛んに行われるようになってきた。また、多くの人々がボランティアとしてキャンプを企画したいと願っている。しかしながら、安全をどのように確保していけばよいのか、プログラムをどのように作成すればよいのかあらゆる面で躊躇する。障害児の野外キャンプは、健

常児を対象にしたものよりも確かにリスクは高い。一度事故が発生すればボランティアグループであろうと企業であろうと責任は同等である。

　本書は、障害児を対象とした野外キャンプの企画と運営、とくにリスクマネージメントの方法論とプログラムの実践例を中心に記述した。本書で紹介した内容は充分とはいえないが、今後、多くの団体が障害を持つ子どもたちに魅力的な活動を創作していくうえで、少しでも役立てばと願っている。

　　2002年12月

　　　　　　　　　　　　　　　　　　　　　　　　　　　　　著　者

目次

第1章　野外キャンプの企画と運営 …………………………………11
第1節　障害児キャンププログラムの企画・運営 ………………………11
1. 基本計画（Master Pran）　11
2. キャンプ計画策定の基本過程（計画・組織・統制）　13
3. Project Seedのキャンププログラム　14

第2節　障害児キャンプにおけるリスクマネジメント ………………18
1. 福祉領域キャンプにおけるリスクマネジメントの考え方　18
2. リスクマネジメントの定義と福祉領域キャンプへの応用　20
3. リスク発生前後における対策　21
4. リスクマネジメントとエラー　22
5. 事故に対する考え方　22
6. リスクマネジメントの基本プロセス　23

第2章　雪上での野外プログラム ……………………………………25
第1節　ソリ遊びのプログラム ……………………………………………25
1. ソリの形状に応じた姿勢制御　26
2. 障害物に応じたソリ操作　30
3. ソリ運動と別の運動要素との組合わせ　31

第2節　歩くスキーのプログラム …………………………………………34
1. マグキャッチ　35
2. 缶鳴らし　36

3. リフトスキー　37

　第3節　かんじきウォークラリー……………………………………………37

　　1. 雪上宝探し　38

　　2. 釣り　38

　　3. パズル　38

　　4. 的当て　38

　第4節　スノーシューを履いたウォークラリー………………………………41

　　1. 輪投げ　41

　　2. ミニ障害ゾーン　41

　　3. 宝落とし　44

　　4. ここ掘れ！わんわん、雪上網投げ漁　44

　第5節　雪靴での雪上プログラム……………………………………………46

　　1. 雪山登り・ネットくぐり　46

　　2. 雪玉キャッチ　47

　　3. 旗揚げ玉入れ　48

　　4. 雪上フラッグ　49

　　5. 雪上ムカデ競争　49

　　6. 雪上くもの巣歩行　49

第3章　氷上での野外プログラム……………………………………………53

　第1節　氷上ソリの作成………………………………………………………53

　　1. 新聞を止めるクリップを使ったソリ　53

　　2. 傘の廃材を使ったソリ　54

　　3. ドアの取っ手とキャスターを使ったソリ　54

　　4. キャスターを使ったソリ　56

　　5. プラスチック製の箕を使ったソリ　56

　第2節　氷上ソリでの直線・回旋加速度体験………………………………57

1. 姿勢変化　57

　　　2. 加速度の方向変化　59

　第3節　氷上プログラム……………………………………………59

　　　1. ソリのボーリング　59

　　　2. 滑ってキャッチ　60

　　　3. アメとソリ　60

　　　4. 氷上ゲートホッケー　61

　第4節　インラインスケートからアイススケートへの発展……61

第4章　海辺の野外プログラム……………………………………65

　第1節　砂浜のプログラム…………………………………………65

　　　1. 潮干狩り　65

　　　2. しっぽ捕りゲーム　66

　　　3. 山づくり　67

　　　4. 宝探し　67

　　　5. 電車でゴー　67

　　　6. 地引き網　69

　　　7. 宝をさらって逃げろ　69

　　　8. 投網　71

　第2節　砂斜面のプログラム………………………………………71

　　　1. 砂斜面を登りながらの輪投げ　72

　　　2. 落ちてくるボールをすくう　72

　　　3. サンドソリ　72

　第3節　海のプログラム……………………………………………74

　　　1. 竹とビート板による筏　75

　　　2. タイヤチューブを使った筏　76

　　　3. 磯遊び　76

4. 海に入っての地引き網　78

　　5. ボディーボード　78

　　6. 多様な浮遊具を使ってのプログラム　80

　　7. ジェットボート体験　80

　　8. クルーザー体験　81

　第4節　海プログラムの安全管理と留意点……………………………81

第5章　岩・沢・川の野外プログラム………………………………83

　第1節　岩登りのプログラム……………………………………………83

　第2節　沢登りのプログラム……………………………………………84

　　1. ゴツゴツマンをやっつけろ　84

　　2. 緩斜面の沢でひもをまたぐ、くぐる　84

　　3. ロープを使って急斜面を登る　86

　　4. 急斜面を下る　86

　　5. 宝探し　87

　第3節　川のプログラム…………………………………………………87

　　1. 玉入れ　88

　　2. おもちゃの魚釣り　88

　　3. スプーンor箸でボールを拾う　89

　　4. 岩魚づかみ　89

　第4節　釣りのプログラム………………………………………………91

　　1. 釣り堀での釣り、渓谷での釣り　91

　　2. 渓流での釣りに見たてた遊び　92

　第5節　岩・沢・川での安全確保………………………………………98

第6章　池・温泉で行う野外プログラム……………………………99

　第1節　池で行う水上プログラム………………………………………99

　　1. 重量感を重視した釣り　99

2. 鰹の引っかけ漁　100

　　3. 自動・他動によるチューブ筏のプログラム　102

　　4. チューブ渡り　105

　　5. ハンマー投げ（カラーボール大）　107

　第2節　温泉・ジャグジーのプログラム……………………………………107

　　1. 温泉ラリー　107

　　2. ジャグジープログラム　109

　　3. 温泉ジャグジープログラムの安全対策と留意点　117

第7章　カヌープログラムの実践……………………………………119

　第1節　カヤックカヌー、カナディアンカヌーのプログラム……………119

　　1. 基礎編　120

　　2. 応用編　120

　　3. 発展編　125

　第2節　海賊対決をストーリーにしたカヌープログラム…………………127

　　1. ダッキーを返せ　128

　　2. 修行　128

　　3. 決戦　129

　第3節　カヌープログラムの安全対策と留意点……………………………129

第8章　乗馬プログラム……………………………………………133

　第1節　馬との触れ合い体験プログラム……………………………………133

　　1. 馬に近づく、馬に触る　134

　　2. 乗馬・下馬　134

　　3. 馬上にて愛撫　135

　　4. 世話体験　135

　第2節　モンゴルをテーマにした乗馬キャンプ……………………………137

　　1. 乗馬　137

2. モンゴルの遊びをテーマにしたプログラム　138

　第3節　馬をテーマにしたパズルゲーム……………………………………141
　　1. スポーツラリー形式のパズルゲーム　141
　　2. マッチングゲーム　142

第9章　アスレチックスを利用してのプログラム……147

　第1節　忍者修行プログラム………………………………………………147
　　1. 葉っぱで忍者服づくり　147
　　2. 長風船で剣づくり　148
　　3. 剣で缶を叩く　149
　　4. 忍者のとりで　149
　　5. 決戦　151

　第2節　親と子どもの野外プログラム……………………………………151
　　1. 親を対象としたプログラム　152
　　2. 子どもを対象としたプログラム　158

第10章　気球、自転車、アミューズメントパークでのプログラム……163

　第1節　気球プログラム……………………………………………………163
　　1. 条件設定　164
　　2. プログラム　164

　第2節　自転車プログラム…………………………………………………164
　　1. おもしろ自転車体験　164
　　2. 自転車駆動運動による乗り物　165

　第3節　アミューズメントパークの乗り物を使ったプログラム…………165
　　1. アクセシブルノート　167
　　2. アミューズメントパークにおける遊具での感覚統合トレーニング　168

知的障害児の野外キャンプ

第1章　野外キャンプの企画と運営

　近年、高齢者を対象としたキャンプ、特定の疾病を持つ子どものキャンプ等を対象としたキャンププログラムが展開されるようになってきた。このようなキャンプで重要な要素は、第一に安全の確保であろう。しかし、安全を強化すればするほど、個人や集団の意志行動をしばるプログラムになりやすい。
　キャンププログラムには、障害を有する者であっても健常者と同じように、あらゆる体験を通して多くの物事を感じ獲得していくものが必要である。したがって、プログラムをつくっていくうえで重要な要素は、①安全であること、②面白いこと、③効果的であることの3点である。
　この基本的要素を実行するにあたっては、プログラムを企画する組織体が何を願ってプログラムを具現化するかという基本コンセプトが明確に打ち出されていることが必要である。たとえば、障害を有する者であっても健常者と同じ体験をさせたいとするならば、それをクリアーする方法論を具体的にしていかねばならない。この方法論とは道具の改良であったり、ルールの用い方、ボランティアのサポート体制などである。

第1節　障害児キャンププログラムの企画・運営

1. 基本計画（Master Pran）

　福祉領域のキャンプを展開するうえで基本条件となるのは、変化する社会の中で障害を持つ本人やその周辺（家族・施設職員等）の人々が求めている願いとは何か、問題となっている事象は何かといった情報の収集と整理である（図

（問題点）	・受入れ先が少なく、限られている。 ・個々のニーズに沿った内容を選択する余地がない。 ・キャンプを提供してやりたいが、どのように企画し運営すればよいのかわからない。
（課　題）	・今後、対象者が主体的にキャンプを選択するのが望ましい。 ・主催者サイドは、基本方針・内容・特色をより明確にして選択しやすいようにする。

図1-1　福祉キャンプの問題点と今後の課題

1-1）。これらの条件が整理されたうえで実際の計画が立てられるのであるが、計画立案にあたっては先に示した対象者側の願いと同時に、受入れ側の願いも明確にしておく必要がある。つまり、いくら対象者側の願いが理解されたとしても、そのすべてをかなえることは受入れ側のノウハウ、人的側面、資金的側面およびハード面などによって困難な点が多々あるからである。この両側の条件が整理された段階において、活動の基本コンセプトが決定され、基本的計画（Master Plan）が作成される。企画する側の願いや方針が明確化されるということは、そのサービスを利用する対象者もその主旨を理解し、同じ目標を持った人々が参加することになる。すなわち、いつ・どこで・誰が・何を・どのようにといった具体的計画とは別に、今現在達成されなくとも将来の求める姿を想定した基本計画を持つことが重要なのである。

　福祉領域でのキャンプ活動は、今まで受入れ先が限られていたため、個々のニーズに沿った内容を選択していく余地がなかった。しかしながら、今後は対象者が主体的にキャンプを選択するようになるであろう。このような視点から、多くの主催団体は、基本方針や内容を明確に提示していかなければならないと同時に、そうしなければ、福祉領域のキャンプ・プログラム全体の発展も進まなくなると考えられる。

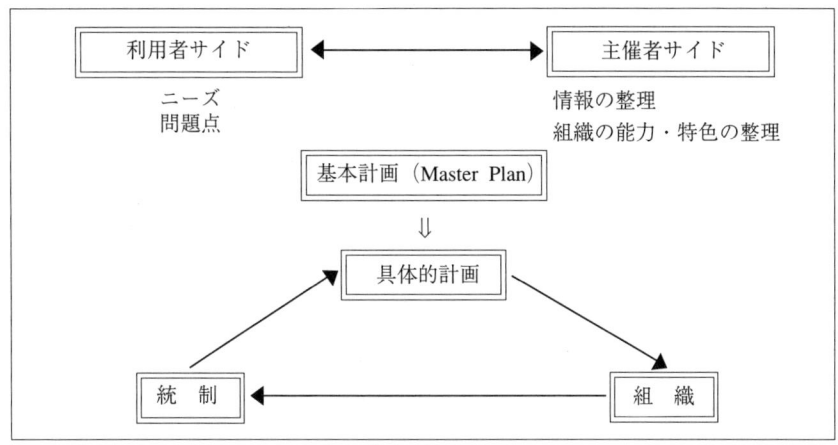

図1-2　基本課程のサイクル

2. キャンプ計画策定の基本過程（計画・組織・統制）

　障害児・者を対象としたキャンプ・プログラムの運営は、基本計画あるいは方針にのっとり、その目標に沿った具体的計画のもとに実施される。この具体的計画は、多くのスタッフの協力によって組織的に実施される。しかし、あらゆる場面（安全，計画に沿った活動など）を想定した計画であっても逸脱があり、その発見や修正を含めたコントロール（統制）が必要であり、この統制から新たな計画が立案される。すなわち、プログラム策定の基本過程は基本計画に沿って具体的計画・組織・統制のサイクルによって実施される（図1-2）。なお、各要素は以下のように要約される（図1-3）。

① 　基本計画（方針）：障害を有する人々、その周辺の人々のニーズ・問題点が要約されたうえで、将来の求める姿を想定した計画。

② 　具体的計画：基本方針に沿った特定活動を達成するための活動の進め方に関する具体的な見通しと手順を示したもの。

③ 　組織：障害児キャンプに関する基本方針を理解し、一定の目的を持つ集団であり、その目的を達成するために、各スタッフの遂行すべき役割とその相互関係を規定したもの。

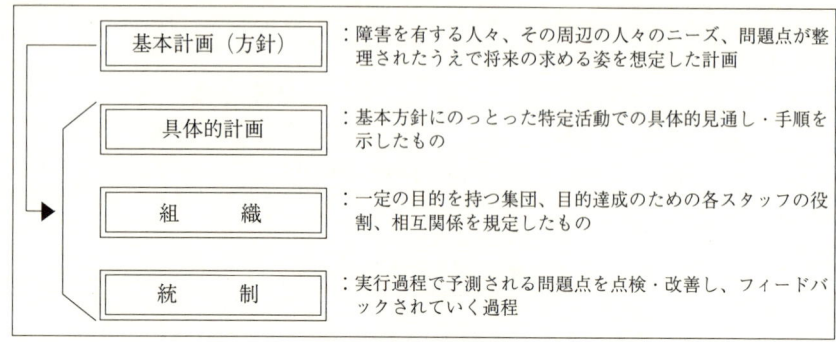

図1-3 基本課程の要旨

④ 統制：具体的目標に沿った活動を組織的に実行する過程で予測される問題点、イレギュラーな問題点を点検し改善していく作用であり、その結果が計画策定や組織運営にフィードバックされていく過程。

3. Project Seedのキャンププログラム

(1) Project Seedの概要と基本方針

Project Seed（以下ＰＳ）は、YMCA健康福祉専門学校が福祉領域におけるスポーツを研究するために、1997年に設立したYMCA福祉スポーツ研究所の事業として、同年に発足した。

Seed（シード）とは「種」・「種が発芽する様」の意味であり、プログラムに参加する障害児・者と保護者、そしてボランティアの学生たちが活動を通して成長（種が発芽）することを願ってつくられたものである（図1-4）。

YMCA福祉スポーツ研究所・YMCA健康福祉専門学校における福祉プログラムは、障害児（知的障害，自閉症，学習障害）・障害者（知的障害）・身体障害者・高齢者に分類され、ＰＳは主に障害児のプログラムを示している（図1-5）。

ＰＳの発足は、当時厚木地区（神奈川県）に存住している障害を持つ子どもたちの身体活動の拠点があまりにも少ないという保護者からのニーズに答えたものである。また、障害児の多くは健常児の発育発達と異なり、遊びを通して獲

第1章　野外キャンプの企画と運営　15

```
┌─────────────────────────────────────────────────────────┐
│  ┌─────────────────────────────────┐                    │
│  │ Project Seed（PS）：種・発芽……1997 │                    │
│  └─────────────────────────────────┘                    │
│ ○プログラムに参加する障害児・者、保護者、ボランティア参加者たちが活動を通して成長（種 │
│  が発芽）。                                                │
│ ○保護者の願い：障害を持つ子どもの身体活動の拠点があまりにも少ない。何とかできないか。│
│ ○障害児の身体特性：遊びを通して獲得すべき姿勢訓練、運動、認知能力が著しく劣る。    │
│                                                         │
│  ┌─────────────┐                                         │
│  │ 感覚統合の理論 │ をベースとしたプログラム                      │
│  └─────────────┘                                         │
└─────────────────────────────────────────────────────────┘
```

図1-4　Project Seed (PS)の成立過程

```
┌─────────────────────────────────────────────────────────┐
│    高齢者：         転倒予防トレーニング                        │
│    身体障害者：     エアロビクス・エクササイズ                    │
│    知的障害者：      知的障害者                                 │
│                  ┌ a.アクア・エクササイズ                      │
│                  └ b.キャンプ（Build）                        │
│                                                         │
│              ┌─────────────────────────────┐            │
│              │   知的障害児（自閉症含む）      │            │
│              │   a.スイミング               │            │
│              │   b.感覚統合トレーニング       │   (PS)     │
│              │   c.感覚統合キャンプ・プログラム │            │
│              └─────────────────────────────┘            │
└─────────────────────────────────────────────────────────┘
```

図1-5　YMCA福祉プログラム

得すべき姿勢制御能力・運動能力・認知能力が著しく劣っていることから、感覚統合の理論をベースにし、主に身体活動を軸としたプログラムの作成を行った。

　感覚統合の基本原理は、意図的にアンバランス・直線加速といった外乱刺激を各感覚受容器（固有感覚、関節・筋、前庭覚、視覚など）に与え、これらの刺激を大脳で統合させ、適切な運動反応を導き出そうとするものである（図1-6）。ＰＳの基本方針は、障害児・者に対して感覚統合の理論を応用し、主に身体活動・創造的活動を通して、より健全な発育発達を促すとともに、この活動を通して参加するボランティアを含め、各個人の自己成長を支援することである（図1-7）。また、感覚統合野外キャンププログラムは、室内のフィールドを野外に移し、雪・氷・海・川といった自然の中にある外乱刺激を利用して行ったものである。

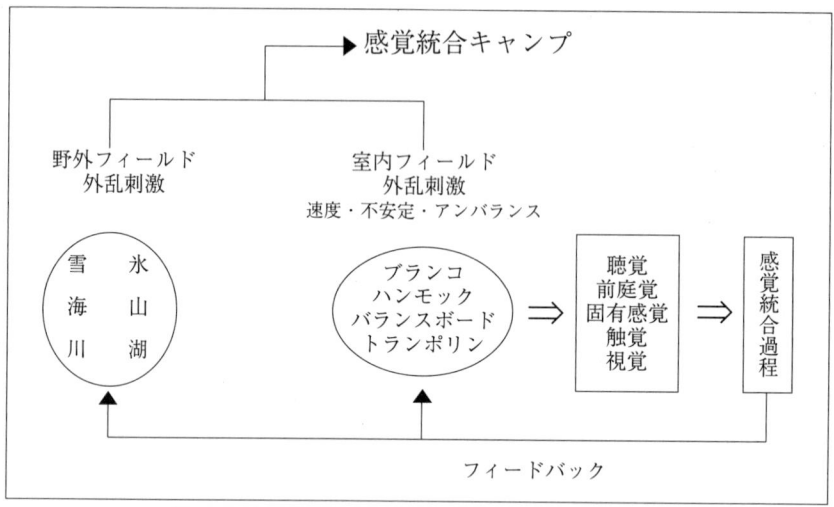

図1-6 感覚統合トレーニングにおける神経系の流れ

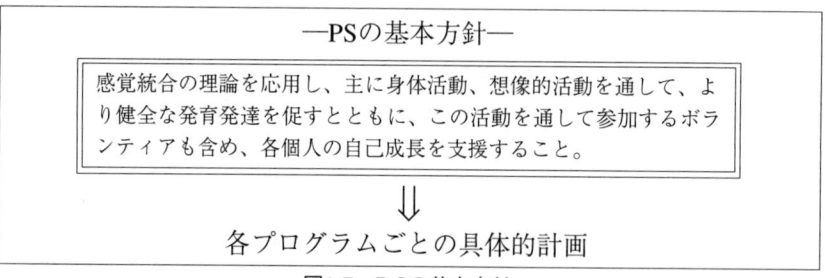

図1-7 PSの基本方針

本実践は、この基本方針に基づいて感覚統合トレーニング、感覚統合キャンプの具体的目的が個々で行われている。現在、Seed野外キャンプは月に1回のペースで企画実行されている。

(2) 障害児・者キャンプにおける計画のステップ（図1-8）

1) 第1ステップ（企画）

第1のステップは計画における意志を決定する段階であり、その活動の目的・目標を設定することである。意志を決定するにあたり、そのポイントは以下に示したとおりである。

> 第1ステップ（企　　画）：意志決定、活動の目的、目標の決定
> 　　　　　　　　　　　　a. 活動内容が基本方針と一致しているか
> 　　　　　　　　　　　　b. 資料・情報を収集・分析し、諸条件を明らかにする
> 　　　　　　　　　　　　c. 諸条件の解決策を明らかに
> 第2ステップ（計画の表示）：効果的・効率的にできるように形式・配列を明確にする
> 第3ステップ（計画の管理）：具体的配列や方法が適切なものであるか評価できるようにしておく

図1-8　障害児・者キャンプにおける計画のステップ

① 実施しようとする活動内容が基本方針と一致しているか。

② 活動内容に関する資料・情報（場所、交通、指導者、安全、技術など）を収集し、分析して条件を明らかにする。

③ 明らかになった諸条件を克服するための解決策を明らかにしておく。たとえば、障害児のカヌーキャンプを企画する場合、感覚統合の視点から合致しているか、場所は川・湖・海なのか、そこまでの交通手段はどうするか、カヌーの特性とは何か、安全の管理はどうするかといった内容を一つひとつ整理していく。

2）第2ステップ（計画の表示）

　第2ステップは効果的・効率的に活用できるように形式や配列を明確にしていくことである。カヌーキャンプを例にすると、単発ものでは設定された目標がクリアーできないと判断すれば、3日間のコースや月に3回のコースを設定する。また、内容も基礎・応用・発展といったように、それぞれの目標を小さく分けて、道具・技術・安全などの項目ごとに整理していく。

3）第3ステップ（計画の管理）

　第3ステップは、目的が設定され具体的な配列や方法が適切なものであったかを評価できるようにしておく。障害児を対象とするキャンプでは、多くの場合、計画に基づいて活動が進められたとしても、思うような成果を得ることができない。したがって、同じ目的を持つ多くの道具を用意したり、技術をできるだけ細かくして、あらゆる援助法を用意しておく必要がある。その際、多く

の子どもがつまずくポイントや何人の子どもが意欲的に参加したのかといった評価ができるように、計画の段階から盛り込んでおく。また、スタッフ組織が十分に機能していたかといった点も同様である。

　ＰＳのキャンプ・プログラムは、学生ボランティアが主体的に企画から運営まで実施できるようにキャンプシートリストを作成してあり、プログラム担当者はこれらのシートを作成しながらチェックできるようにしてある（図1-9）。

　障害児を対象としたキャンプ・プログラムの企画・運営は、計画の段階で予測される条件を明確にしておいても、実際ではイレギュラーな展開が多々発生する。しかし、計画立案の段階で基本方針に合っているか、やろうとする活動が意味のあるものかを吟味し、評価まで含めた管理体制を作成しておくことは、最低限必要な事項と思われる。

第2節　障害児キャンプにおけるリスクマネジメント

1. 福祉領域キャンプにおけるリスクマネジメントの考え方

　高齢者・肢体不自由者・知的障害者らを対象とした福祉領域のキャンプは、心身の状況から制限が加わることが多い。この制限をはずし、より健常者と同様の目標に近づけることが望ましいが、このことは同時にリスクも大きくなることを意味している。著者も多くの障害児・者を対象としたキャンプを企画・実践してきたが、計画の段階で予測していた以上に、実際の場面では多くのアクシデントが発生する。こうした事象は、キャンプにおけるスタッフの技術レベル、専門知識、経験の有無にかかわらず、人間ゆえに誤った決定をすることから起こる。また、あらゆることを考えてつくられたシステムがあったとしても、人が考えたゆえ、一定の潜在的失敗は含まれているものである。つまり、人が行うことには必ずミスをおかす可能性が少なからずあるということを前提に、リスクマネジメントがある。

Seedキャンプシートリスト

キャンプ名（　　　　　　　　　）
キャンプPD（　　　　　　　　　）　　シート作成日　年　月　日（　）

(全体)	チェック	日時	担当者	(班長・AD)	チェック	日時	担当者
・実施要項				・パーソナルレコード (班員)			
・組織図				・出発日調査表 (班員)			
・メンバー原簿				・保険証、障害者手帳添付シート (班員)			
・リーダー原簿				・健康管理シート (班員)			
・タイムテーブル (メンバー)				・薬調査表 (班員)			
・タイムテーブル (リーダー)				・生活調査表 (班員)			
・連絡網 (メンバー)							
・連絡網 (リーダー)				(プログラム)	チェック	日時	担当者
・持ち物				・プログラムタイムテーブル			
				・プログラムシート			
《横浜YMCA提出物》				・備品リスト (プログラム)			
・安全チェックリスト				・レンタルリスト			
・参加者名簿							
・出発連絡書				(その他)	チェック	日時	担当者
				・領収書添付書			
(食事・生活・健康衛生)	チェック	日時	担当者	・バス配車願い			
・パーソナルレコード				・リーダートレーニング関係			
・生活調査表				・利用施設関係			
・薬調査表							
・出発日調査表				(保護者配布物)	チェック	日時	担当者
・保険証、障害者手帳添付シート				・実施要項			
・健康管理シート				・タイムテーブル (メンバー)			
・衛生チェック				・連絡網 (メンバー)			
・備品リスト (生活全般)				・持ち物			
				・パーソナルレコード			
(個別)	チェック	日時	担当者	・生活調査票			
・パーソナルレコード				・薬調査表			
・キャンプ調査票				・出発日調査表			
・薬調査表				・保険証、障害者手帳添付シート			
・出発日調査表				・名札			
・個別担当表							
・健康管理シート							
・評価表 (保護者)							
・評価表 (リーダー)							
・名札							

その他、特記事項：

図1-9　キャンプシートリスト

2. リスクマネジメントの定義と福祉領域キャンプへの応用

　リスクマネジメントの考え方は、主に産業界で用いられてきた。産業界でいうリスクマネジメントとは、企業に属する従業員の生活と健康、企業の金銭的資産・不動産・設備などの物質的資産、情報、技術、社会的イメージなどに損失または障害をもたらす事態の発生が、どのくらいの確率で起こるのか。その結果、どのような影響があるかを、問題が発生する前、発生したときの解決策として位置づけている。

　この考え方は、福祉領域キャンプを運営するうえでも応用できるものである。キャンプで考える従業員は、参加者としての障害児であったりボランティアとしての参加者、専属スタッフを示すものであり、ひとたび事故が発生した場合は、社会的に意義のある行為であっても、そのイメージは福祉キャンプを行っている団体に大きな影響を与えるであろう。障害児キャンプを企画する団体は、企業のケースはまだ少なく、ボランティアの要素が強いことから、産業界での考え方をイメージすることがなかなかできない。しかし、事故が発生した場合は、ボランティアであれ企業であれ、その責任の所在は問われる。これらは大きな事故を想定したものであるが、一つひとつのプログラムの準備段階、予測される小さな問題点を考えるのも同様である。

　すなわち、事故を同様事象と置き換えることで、プログラム全体あるいは局面の点検が可能になる。また、大きな事故を想定しての対策も必要であるが、キャンプを振り返って事故にまで至らなかったが、一つ誤っていたら危険であった事象や他のキャンプの事故例を分析したり、小さな問題を例に全体を描いてみることが必要である。

　リスクマネジメントの基本的考え方は、図1-10に示した三段階で示すことができる。

　第1段階では、事故の原因と結果あるいは影響との関係を明らかにする。第2段階では、原因と結果の因果関係を分析し、この対策をリスクの発生前と後に

①第1段階：原因と結果の関係を明確にする
②第2段階：両者の関係を分析し、リスクの前後に分けた対策をたてる
③第3段階：場面の想定と絞り込み

図1-10　リスクマネージメントの基本的考え方

《発生前対策》
予防対策：起きないようにする
抑制対策：再発防止、被害の最小値
《発生後対策》
緊急対策：発生直後
復旧対策：元のレベルに戻す

図1-11　リスクマネージメントの考え方

分けて考えることである。第3段階は一つの事象から関連している、あらゆる事象を想定し、それらを絞り込むことである。

3. リスク発生前後における対策

　リスクに対する対策は図1-10の第2段階で示したように、問題・事故発生前の対象と発生後の対策に分類される。発生前の対策は、最初は過去においても未来においても、問題が起きないことを目的とする予防対策と、一度起きたものはその再発防止や最小限の被害にすることを目的とする抑制対策に分けられる。一方、発生後対策は、発生直後に決定・行動しなければならない緊急対策と元のレベルまで戻すことを目的とする復旧対策に分類できる（図1-11）。

　たとえば、知的障害児のキャンプでは多くの子どもが複数の特殊な薬を服用しているケースがあり、その服用時間も食間、食前、食後、就寝前などに分かれており、薬品の名称・袋だけ見てもタイミングを間違えたり、入れ変わったりすることが予測できる。したがって、全体の薬品を管理する人用の管理表、グループ別の管理表、マンツーマンのボランティアが管理できる表を用意し、お互いに確認しあうようにしたり、服用するタイムスケジュールに袋やカプセ

ル、錠剤の見本を直接貼って、間違えないようにしておくことで予防できる。このような対策を施しても、実際の場面では薬を吐き出してしまったり飲まないこともあり、飲ませる工夫（ジュースと一緒、ヨーグルトに混ぜてなど）をあらかじめ保護者と相談したり、予備を持っていることが必要となる。

4. リスクマネジメントとエラー

　失敗や事故は、その度合いによって三つに分類される。①放置すればアクシデントにつながる偶発的な事象をインシデント、②少し間違えれば大きな事故になった状態をニアミス、③失敗や事故の発生をエラーとし、とくにミスについては誤った目標選択である。

　人がおかすこうした事象には、技術レベルの誤り、ルールレベルの誤り、知識レベルの誤りなどがある。キャンプの場面を例にすると、ナタで手を切るようなケースでは、本人の技術レベル、手袋をしなかった（薪を持つ手）、切株の上でしなければならなかったのにコンクリートの上で割ったなど、そのケースはさまざまである。知的障害児や自閉障児のキャンプでは、場合によってこだわりがあったり、パニックを起こすことが多い。ある自閉症児は、火を見ると必要以上に興奮し、キャンプファイアーの火の中に飛び込もうとしたり、野外調理中のカマドに手を入れようとするケースがあった。こうした情報は、保護者との話から出てこなかったため、特別な対策も立てていなかった。このケースでは大きな事故に至らなかったが、以後、キャンプファイアーでの人の配置、エリアの設定、ゲームの内容、全体のボリュームなど、計画の段階から対策を盛り込んでおくことになった。

5. 事故に対する考え方

　事故の発生は、個人のみならず組織やシステムの問題も関与していることが多い。事故を起こした本人の特定や管理責任を認めさせ処罰する、また訴訟で

賠償責任を追求するというのも一つの考え方であるが、一方では、なぜ事故が起こったのか、どのようにすれば防止できたのかといった対策を整備していくのも一つの考え方である。

航空会社を例にするなら、乗客の安全を確保するためにハイジャック防止用の探知機、緊急着離に備えての酸素マスクや救命胴衣が設置されている。また、スチュワーデスによる緊急時のインフォメーションや対応なども教育・管理されている。一方、飛行中の計器の動きを記録しているフライトレコーダー、コックピット内でのクルーの声、計器やエンジン音を記録するボイスレコーダーの設置などが標準装備されている。これらのボックスは事故が発生したとき、なぜ起こったのか、今後どのようにすればよいかといった問題解決の材料となる。また事故が発生した場合に備えて、報道関係、遺族への対応すべてを想定して組織的に管理されている。このことをキャンプに置き換えてみると、大きな組織や企業が実施しているものであれば、ある程度の危機管理システムは考えられよう。ボランティア団体や小さな団体が主催するような障害児キャンプでは、組織体として、またシステムとして管理していくことはなかなか困難である。しかし、最低限、保険やスタッフの教育、場面に応じた動き方、決定手順などは整理しておくべきである。

6. リスクマネジメントの基本プロセス

リスクマネジメントの基本プロセスは、計画・実施・評価・対応の各項目を循環して進めることである。計画の段階は、リスクを把握することから始まる。一つは各報道機関の情報から過去に発生したキャンプや山・海における事故例から、自分たちが行っている活動との共通点を把握することである。このことは、同じ野外活動のみということではなく、多くの業界から学ぶべき事象があるからである。もう一つは、自分たちが実施している活動そのもののリスクの把握である。この場合、事故（問題）リポートやインシデントリポートの提出、

チェックリストによる項目別点検、参加者（障害児キャンプの場合では保護者、ボランティア、スタッフなど）に対するヒアリングの内容から情報の収集分析がなされ、目標と特定化や方法が決定される。リポートの提出については失敗の責任を追求するためのものではないので、進んで提出できる環境が必要である。多くの事故は、複数の最悪条件が重なり合って起こる場合と単純な点検ミス、とくにルーティンワークの中で起こる場合が多い。したがって、情報の収集にあたっては、漠然とした情報ではなく、5W1Hに加え、どのような状況の中で発生したかが重要になる。情報の分析対象は、リポート数、問題事故発生数、発生例であり、そこから数・質・実態・傾向が導かれる。

第2章　雪上での野外プログラム

第1節　ソリ遊びのプログラム

　YMCA福祉スポーツ研究所が行う障害児キャンプは、感覚統合の理論を基本に実施されている。感覚統合の原理は、意図的に外乱刺激（加速度・アンバランス）を筋・関節といった固有感覚、前庭覚、視覚などの感覚受容器に与え、これらの刺激を大脳で統合させ、適切な姿勢反射や運動行動を導き出すものである（図2-1）。

　ソリを使った遊びは、斜面を利用することで加速度刺激を加えることができる。この加速は、平地で行うスクーターボードやキックボードに比較して容易である。また、刺激の強度は斜面の角度，状態（凹凸・新雪・アイスバーン）や、ソリの形状・材質（チューブ・プラスチック），ソリに乗る姿勢によって能力差や年齢差にも対応が可能であり、スキーやスケートに比較して技術的要素に左右されない遊びと考えられる。

```
┌─────────────────────────────────────────────────────────┐
│  YMCA障害児キャンプ：Seedキャンプ        感覚統合理論  │
│                                                         │
│  （原理）                                               │
│  ┌───────────────────────────────────────────────────┐  │
│  │ 意図的に外乱刺激（加速度・アンバランス）を固有感覚（筋・関節）、前庭覚、視覚な │  │
│  │ どに与え、これらの刺激を大脳で統合させ、適切な姿勢反射や運動行動を導き出す。 │  │
│  └───────────────────────────────────────────────────┘  │
│                                     │
│        ソリ遊びを応用できないか？                       │
└─────────────────────────────────────────────────────────┘
```

図2-1　感覚統合理論の背景

人は不安定な状態や加速が発生している状態で別のことをする場合、より困難さが増す。たとえば、平均台の上を歩くとき、コップを置いてあるお盆を持ちながら歩くとするならば、自分のバランス制御と同時にコップのバランス制御も加わることになる。また、平均台の上を歩きながらボールを投げることや的に当てることは、平地で行う場合より困難である。子どもは、あらゆる遊びを通して身体活動・運動制御とともに数・色・形・名称の概念も学んでいる。感覚統合トレーニングでは、身体活動をベースにこれらの複数の認知に関する課題も同時に与えていく（図2-2）。

本実践でのソリ遊びは、滑走させながらボディーコントロールと同時に、数・色・形・名称を組み合わせた課題を与えることで、意図的に学習能力の条件を加えた活動にしてある（図2-3）。実践内容は①ソリの形状に応じた姿勢、②障害物に応じた姿勢、③ソリ運動と別の運動要素との組合わせといった三つの視点から構成された。

1. ソリの形状に応じた姿勢制御

ソリの種類は4種とし、斜面は緩面で整地された場所で実施された。

（1）　プラスチック製のソリ

```
ソリ遊び
  外乱刺激 ：斜面を使った加速度
  刺激強度 ：斜面の角度
           斜面の状態（凹凸、新雪、アイスバーン）
           ソリの状態、素材（チューブ、プラスチックetc.）
           乗る姿勢（座位、伏臥位etc.）
  特　　性 ：（能力差・年齢差があっても応用範囲が広い。スキー・スケート
           に比して技術的要素に左右されない）
  ＋α    ：滑走＋色・数・形・名称、投げる・当てる・捕るなど別の運動要素
```

図2-2　感覚統合理論とソリ遊びの接点

> 本実践は、ソリを滑走させながらボディコントロールと同時に、数・色・形・名称を組み合わせた課題を与えることで、意図的に学習能力の条件を加えた活動内容になるように構成した。
>
> → 知的障害児におけるソリ遊びキャンプの展開

図2-3 知的障害児におけるソリ遊びのプログラム構成目標

写真2-1 ロングソリ2人乗り座位

　プラスチック製のソリ遊びは、ショートソリ，ロングソリの2種類で行い、姿勢は前向きの座位とした。能力の低い者、恐怖心のある者は2人乗りのロングソリで、リーダーが後方より抱きかかえるようにしてブレーキ操作をした(写真2-1)。このような子どもも数回行うことにより少しずつ速度を上げ、一人乗りに対応できるようになった。また、変化した点は、徐々に体を後方に倒すことで速度を速くするようになったことである。この段階では、恐くて身体を後方へ移動するのではなく、明らかに子どもが意図的に速度を上昇させる操

作を行っていた。

(2) チューブ

チューブのソリは、直線加速と同時に操作によっては回転加速が加わるソリである。この種目では1人または2人乗りとし、姿勢は前向きの座位・伏臥位とした（写真2-2）。

1人乗り座位のケースはチューブが大きいため、尻を入れると両脚が浮いてしまい、足によるブレーキ操作ができない。したがって、ほとんどの子どもは初期の段階において速度・方向をコントロールできない。2人乗り座位のケースでは、リーダーによる身体重心の動きを子どもと密着して実施した。この方法は、方向のコントロールの仕方を伝達するうえで有効であった。また、速度も1人乗りよりも速く、加速度の感覚刺激も増すことになる。一方、同一速度であっても伏臥で行った場合は、接地面と目線が近くなることでいっそう速度感覚が増す。初期の段階では足で速度を落とそうとする動きが見られるが、慣

写真2-2　チューブソリ2人乗り座位

写真2-3　斜めのソリ

れるにしたがって意図的に足をあげ、壁にぶつかりそうになるのを避けるために、身体をエビのように反らしながら左右への重心移動を加えて方向転換を行う動作が見られた。

(3) 斜めのソリ

このソリはプラスチック製のソリで、底の左寄りに先端を上向きに曲げた桶をつけたものである。したがって、通常に乗っても身体のバランスをとるのが困難なソリである。写真2-3に示したように、右側に傾いているソリに対して身体は左側に重心を移動させ、さらに左手をロープから離すことでバランスコントロールをしている。

(4) ボディーボード

水上で使うボディーボードを用い、臥位および伏臥姿勢での滑走を行った。ボディーボードの滑走面は他のソリに比して、圧雪された状態ではもっとも速度が速いソリであった。基本的には1人乗り前向きの伏臥姿勢で行ったが、最初の段階では2人乗り座位で実施した。ロープを使って方向を変えるのは難し

く、ボードの前方両端を持たせ、体全体を使って片側を浮かす操作によって方向が変えられるため、多くの子どもには困難なコントロールであった。

2. 障害物に応じたソリ操作

　障害物の条件は、意図的にコース内につくったコブ斜面とポールを立てた斜面の2種類で行った。使用したソリは、プラスティック製のソリ、チューブ、ボディーボードを用いた。コブ斜面での滑走は、ソリの形状や材質の差に大きく左右される。たとえば、チューブは反発力が大きく、プラスティック製に比して、ソリの動きに応じて体のバランスのコントロールがより求められる。このような加速の発生は、日常生活の中ではあまり経験できない。写真2-4は、大型のプラスティック製ソリを用いた2乗りでのコブ斜面での滑走であるが、ジャンプ台が斜めに設置されている。したがって、飛び出す際にソリが傾斜するため、身体軸が修正するように働く。

写真2-4　斜めのジャンプ台

第 2 章 雪上での野外プログラム　31

写真2-5　指定されたフラッグを捕る

　ポールという障害物に対しての滑走は、スピードコントロールと方向を変えるための重心移動が必要となる。チューブでは困難であったが、プラスティック製のソリやボディーボードでは充分対応できる種目であった。

3. ソリ運動と別の運動要素との組合わせ

　別の運動要素とは、滑走運動にボールを捕る動作、指定されたフラッグを捕る動作（写真2-5）、さらに捕って投げる動作（写真2-6）、通過ゲートに吊り下げられた物を捕る動作（写真2-7）、ボーリングのピン（メガホン）を倒す動作（写真2-8）、棒で目標物を叩く動作、指定された目標にボールを投げ入れる動作（写真2-9）を加えたものである。投げる動作を例にとると、斜面の途中にリーダーが黄・赤・緑のフラフープ（ゴール）を持って立ち、子どもは黄色いボールを持って滑りながら、黄色のゴールに入れるようにの指示で投げ入れる（写真2-10）。また別の課題では、緑色のボールを赤色のゴールに入れるように

写真2-6　キャッチアンドスロー

写真2-7　ゲートに吊るした物を捕る

第 2 章 雪上での野外プログラム 33

写真2-8 ボーリングのピン（メガホン）を倒すソーリング

写真2-9 ソリ運動と投げる運動の組合わせ

写真2-10　ボールと同じ色のゴールに入れる

指示することで、滑る、投げる、どの色へといった一連の感覚統合トレーニングが行われる。

　ソリはオリンピック競技にあるボブスレーやリュージュのように、より速度を速くする技術を求めるのが一般的である。しかし、子どもたちの遊びとして考えた場合は、ソリの形状、乗る姿勢、斜面の状態、複数の運動の組合わせ、色・形・名称を指定しての条件をコントロールすることで、健常児であっても障害児であっても個々に応じた遊びが展開できる。今回、感覚統合を視点とした障害児へのアプローチとしてソリ遊びを実施したが、これは多くの可能性が見出せるプログラムである。

第2節　歩くスキーのプログラム

　ノルディックスキーによるクロスカントリーは、有酸素運動の視点からすると有効である（写真2-11）。しかし、子どもたちにとっては単調ですぐに飽き

第 2 章 雪上での野外プログラム 35

てしまう。そこで、本プログラムは 1 km の周回コース内に 3 種目の障害物（ゲーム）を設置し、目標ポイントを短くすることで対応した。

1. マグキャッチ（写真2-12）

キャッチする目標物は、アニメのキャラクターをラミネートしたものに磁石をテープで貼りつけておく。

写真2-11 歩くスキー

写真2-12 マグキャッチ

写真2-13 缶鳴らし

ストックの先端にも磁石を取りつけ、滑走しながら雪上の目標物（ラミネート）をキャッチするというものである。能力の高い子どもは、滑走しながらキャッチすることができるが、大半の子どもはいったん停止してからキャッチしていた。難易度の調整は斜面の角度、目標物の間隔、大きさで行う。応用としては、色・形・数を指定することなどが考えられる。

2. 缶鳴らし（写真2-13）

コースの途中に2mの幅で左右5本ずつポールをさし、ポールの先端から空き缶をひもで吊るしておく。子どもたちは、マグキャッチと同様にストックを手に持ち、缶を叩きながら滑走する。スキーコントロールができている子どもは、左右のストックを用いるが、ほとんどの子どもは利き手だけを用いていた。今回は叩き方を意図的に指示せず子どもたちの行動を観察していたが、子どもの能力によって、ポールの高さ・間隔・形に変化を加えコントロールしてもよい。

写真2-14　リフトスキー

3. リフトスキー（写真2-14）

　ノルディックスキーは登り坂においてエッジ操作が困難であり、ほとんどの子どもは自力で登ることが不可能である。そこで20mのロープの先に40cmの棒を平行にしたハンドグリップを握らせ、リーダーがそれを引き上げるというのがリフトスキーである。また、ロープとグリップの間にはゴムチューブが入っており、一定の速度になると加速するため、子どもたちはバランスをとりながら登り斜面を滑走しなければならない。ほとんどの子どもはロープを引いた瞬間に転倒するケースが多く見られた。しかし、何回か練習を重ねることで腕が伸び、後方へ身体の重心を移動させながらの滑走ができるようになった。また、能力の低い子どもは座位で実施した。

第3節　かんじきウォークラリー

　圧雪されていない場所や新雪が積もった条件下では、雪靴や長靴だけでは対

応できない。日本の豪雪地帯では、古来からかんじきを用いている。かんじきは歩きにくいが、雪の中に沈み込まないので便利である。本プログラムは、圧雪されていない森林地帯の中（距離は約800ｍの周回コース）をウォークラリー形式で行った。

1. 雪上宝探し

　このプログラムは、新雪の中（表面から50～60cm）におもちゃのカプセルに入れたアメを隠しておき，雪をかきわけながら探すというものである。

2. 釣り（写真2-15）

　このプログラムは、発泡スチロールを魚・花・車といった形に切り取り、それに色を塗り輪っかを取りつけたものを獲物に見立て釣りを行った。竿は１ｍの棒の先に麻ひもをしばり、先端にはクリップの針金をつけた。針金の先は重りがないため、獲物の輪に引っかける調節は困難である。能力差に対する対応は、釣り糸の長さと竿を握る位置で調節した。

3. パズル（写真2-16）

　子どもたちは、新雪の中でバラバラになったパズル（パズルマットを20cm四方に切り、それを星・動物の形にくりぬいたもの）を形に合わせ完成させる。パズルの色は緑一色なので色だけでは判断できず、パズルの型と型を合わせながら探さなくてはならない。能力の高い子どもは一回見た形を覚えており、見つけ出すことができるが、能力的に低い子どもは、さらに工夫が必要であり、多くの色を用意しておき、色のマッチング程度から行うとよい。

4. 的当て（写真2-17，写真2-18）

　このプログラムは、ダンボールをつなげてつくった鬼をポールに吊るし、そ

第 2 章 雪上での野外プログラム 39

写真2-15 釣り

写真2-16 パズル

写真2-17　的当て

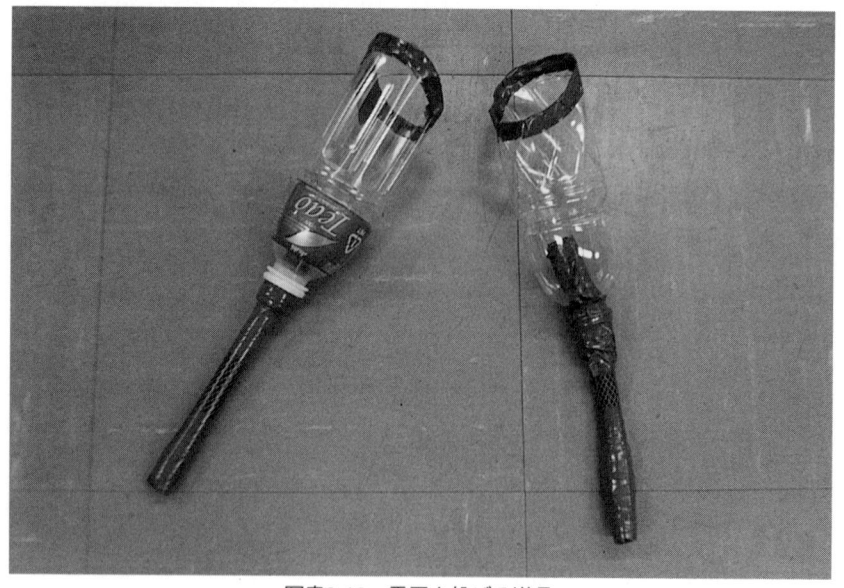

写真2-18　雪玉を投げる道具

れをプラスチック製の雪玉投げ容器を使って投げるというものである。プラスチック製の容器は、500mlのペットボトルを下から 2/3 のところまで斜めに切り取り、飲み口の部分を手でつかめるようにゴムホースで取っ手を加えた。この道具は、手で投げるよりも速く投げられるが、方向が定まらないため力のコントロールが必要である。

第4節　スノーシューを履いたウォークラリー

かんじきは深雪を歩くのに適しているが、氷雪の場合は滑ってしまう。また、着脱は慣れていないと途中で脱げてしまい、時間もかかる。一方、スノーシューは底にエッジがあり、氷雪でも滑らないし深雪であっても沈み込まない特性がある。本プログラムは雪が少なく固くしまっている条件下において、スノーシューを履いてのウォークラリーを実施するものである（写真2-19）。

1. 輪投げ（写真2-20）

輪投げは、色の異なるポールに対して行った。輪は赤と青を用意し、能力の高い子どもに対しては色の指定やポールの距離を変えた。一方、能力の低い子どもはフラフープを置いておき、その中に投げるようにさせた。投げる立ち位置はテープで指定したが、それでもわかりにくい子どもに対してはフラフープを置いておき、その中から投げるようにさせるとよい。

2. ミニ障害ゾーン

ミニ障害ゾーンでは、意図的にアップ・ダウン（写真2-21）や浅い落とし穴、ロープをまたぐ、吊り下げられているアメを口でとる（写真2-22）などの運動を課した。写真2-21に示したように、スノーシューはかかとが上がるため、平地や坂を登るのに適しており、子どもたちの運動がかんじきのようにとぎれ

写真2-19　スノーシューでのウォークラリー

写真2-20　輪投げ

第 2 章　雪上での野外プログラム　43

写真2-21　アップダウンでの上り下り

写真2-22　アメを口で捕る

写真2-23 宝落とし

ことがなく維持できる特性を有していた。

3. 宝落とし（写真2-23）

　宝は、樹木の枝に傘を逆さに吊るして、傘の各先端にアニメのキャラクターを引っかけておく。子どもたちは、リーダーとともに雪玉をつくり宝に当てて落とす。能力差は傘の高さで調節しておく。投げる動作はより遠く、速く、正確に、どの方向に、あるいは投げる雪玉が大きい、小さい、軽い、重いなどの課題があるが、ここでは上の方向に対して当てていくという課題であった。

4. ここ掘れ！わんわん、雪上網投げ漁

　チェックポイント4のゾーンでは、雪の中に埋めてあるカプセルを掘り出す課題（写真2-24）と、斜面の下から雪を積んだソリをロープで引き上げる課題（写真2-25）であった。前者の課題ではしゃがむ姿勢を保持すること、後者で

第2章 雪上での野外プログラム　45

写真2-24　ここ掘れ！ワンワン（宝探し）

写真2-25　雪上網投げ漁

は重い者を引き上げる動作・運動がテーマであった。

　これらの一連の運動は、すべて言葉による説明だけでなく、マンツーマンのリーダーとともに、その方法をまず見せて、一緒に行うようにした。また、各ポイントごとに課題が達成できると雪だるまのカードに各パーツを糊で貼っていき、動機を高めるようにした（写真2-26）。

第5節　雪靴での雪上プログラム

　本プログラムは、スキー、かんじき、スノーシューのように移動しながら行うものではなく、一定のエリアで雪靴を履いて行ったものである。

1. 雪山登り・ネットくぐり（写真2-27）
　このプログラムは単に雪山を登るだけではなく、斜面を登りにくくしている

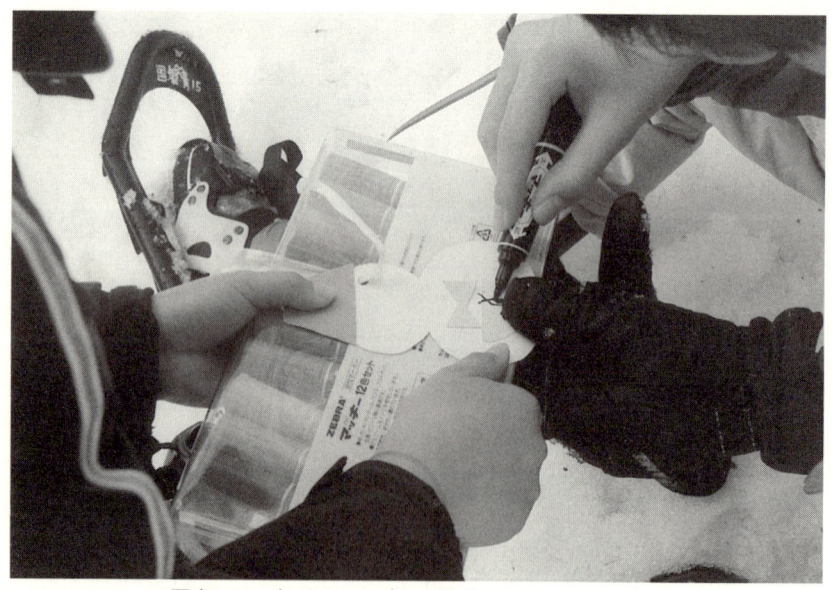

写真2-26　各ポイントごとに雪だるまのパーツを貼る

写真2-27　雪山登り・ネットくぐり

ため意図的に筋肉を使うことになる。また、その先にはネットくぐりも用意しておいた。斜面を登るためには斜度に応じて身体を前傾しなければならない。また、足場を悪くすることでバランスをとる姿勢制御や軸足を固定する必要が出てくる。さらにネットをくぐることで下半身のみならず上肢、体幹の筋肉を使うことになる。

2. 雪玉キャッチ（写真2-28）

　このプログラムは、子どもたちがローラースケート用のヘルメットに籠をつけたものをかぶり、リーダーが投げた雪玉をヘルメットでキャッチするというものである。ボールのキャッチは、ボールの速度方向に対して自分の捕るべき位置を決定し手で捕る。それだけでもボール運動が苦手な子は難しい。このケースでは、頭に玉を入れる高度な技術であるため、リーダーの裁量によって難易度をコントロールする。

写真2-28　雪玉キャッチ

写真2-29　旗揚げゲーム

3. 旗揚げ玉入れ（写真2-29）

　旗揚げ用のポールのワイヤーにバケツを二つ取りつけ、一方に雪玉を詰めて重りとし、その先には旗を結んでおく。子どもたちはもう一方のバケツに雪玉を投げ入れていくと雪の重みで一方のバケツが持ち上がり、旗が揚がるというものである。旗を高く揚げるためには、引くべきロープに複数のバケツを積んでおくとよい。

4. 雪上フラッグ

（写真2-30）

約10mのロープは街灯に固定し、もう一方の端は子どもの体に装着した安全ベルトにつなぐ。ロープと安全ベルトの間にはゴムチューブが入っている。子どもは20m先の目標物（フラッグ）を、ゴムチューブを引張って取りにいく。しかし、子どもはゴムの弾力性と新雪に足を取られやすい状況で、容易には目標物を手にすることができない。能力（体力を含む）の高い子どもは姿勢を前かがみや四つん這いにすることによって達成することができた。能力の低い子どもに対しては、目標物の位置を近づけることによってレベルを調節した。

写真2-30　雪上フラッグ

5. 雪上ムカデ競争（写真2-31）

障害を持つ子どもにとってもっとも不得意なのは集団での行動である。このムカデ競争は、そのような点では有効な遊びである。子どもたちはリーダーとの間に入り、前のリーダーの腰や尻につかまらせ、その動きに合わせるようにし、後ろのリーダーによって肩に置いた手の力加減で右・左を理解させていく。

6. 雪上くもの巣歩行（写真2-32）

このプログラムは雪上に20cmの高さでロープをくもの巣のように張ってお

写真2-31　雪上ムカデ競争

写真2-32　雪上くもの巣歩行

き、ロープに触れないように歩くのである。平地でもよいが、このケースではゆるい斜面で下り・上りを体験している。能力に応じて、くもの巣の高さに変化を加え、面積・斜度を考慮するとよい。

　以上、雪上での感覚統合野外プログラムのいくつかを紹介してきたが、陸上で行われるほとんどのものは、雪上で応用できる。しかし、雪のプログラムは屋内で行えるケースはほとんどないため、その年の気温、積雪量、そのときの天候に大きく左右される。たとえば、チューブなどのソリ遊びは新雪や溶けている雪面では滑らない。したがって、プログラムの準備は荒天時に屋内でできるもの、野外のフィールド条件に応じてできるものを複数用意しておく必要がある。また、靴の中や手袋の中がぬれて冷たくなると、子どもたちの活動量は著しく低下する。したがって、装備の工夫、休憩のとりかたに留意することでプログラムの活性化を促す必要がある。

第3章　氷上での野外プログラム

　氷上での運動様式は、摩擦係数が陸上に比較して著しく少ないことから、日常運動でできない加速変化やバランス制御を体験できる。氷上での代表的なスポーツはスケート、ホッケーなどであるが、スケート靴を履いての運動技術の獲得は、障害児に限らず多くの時間を要する。とくに障害児を対象とする場合、転倒・骨折などの危険度が増すため、積極的に行うことが少ない。ただ、スケート靴を履かなければ、氷上でのプログラムは多様なものが可能である。しかしながら、東京近郊のスケートリンクのほとんどはスケート靴を履かなければ入場できない。

　本プログラムは、PSの活動目的に理解の深い日本ランドHOWスケート場（静岡県）の好意によりスケートリンクの一部を解放してもらい、スケート靴なしで行うもので、毎年実施されている。

　氷上プログラムの留意点は、滑って怖い、転ぶと痛いという条件をいかになくすかである。したがって、より滑りにくいものと滑りやすいものを用意して、適宜使い分けることが必要である。たとえば、片方の足には靴の上から軍足を履かせることで、立つ・歩くを伴う身体運動のほとんどが可能になる。また、より安定した道具で滑走体験をするということであれば、ソリを多用するとよい。

第1節　氷上ソリの作成

1. 新聞を止めるクリップを使ったソリ

　写真3-1は、新聞等を止めておくクリップの廃材をエッジとして取りつけ

ソリである。座面は風呂で使うマットを板の上に固定した。このタイプのソリは直進方向に対して滑走するが、横滑りは起こしにくい。したがって、直進滑走条件での遊びに応用していく。

2. 傘の廃材を使ったソリ

　写真3-2は、4本のビニール傘の柄とグリップの部分をスノコの前後に取りつけたソリである。傘のグリップの部分はプラスチック製でUの字に曲がっているため滑りやすく、また横滑りを起こしながら回転運動も滑らかに操作できる。氷上でのスクーターボードとして直線・回旋加速をかける運動に適している。

3. ドアの取っ手とキャスターを使ったソリ

　写真3-3のソリは、ベニア板の後方にドアの取っ手を2ヵ所、前方にキャスター（大）を1ヵ所に取りつけたものである。このソリは前方のほうが後方よ

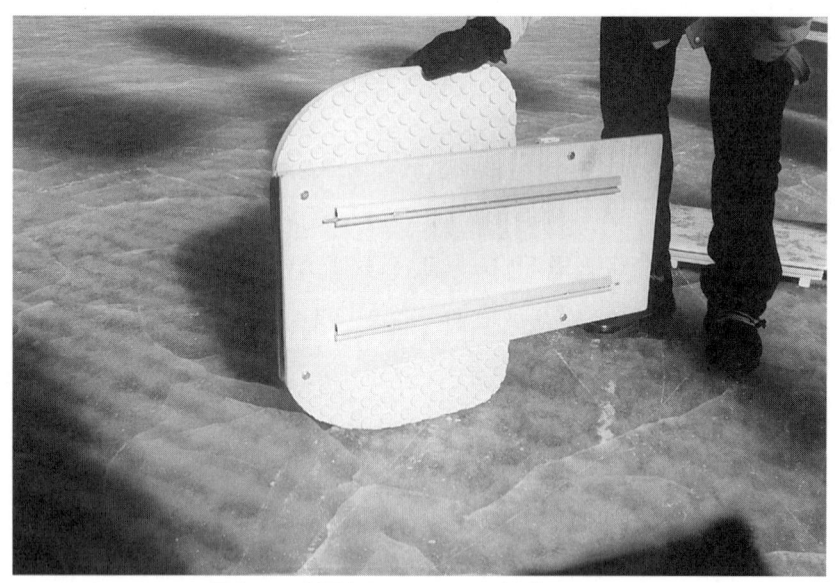

写真3-1　新聞をとめるクリップを使ったソリ

第3章 氷上での野外プログラム 55

写真3-2 傘の柄を使ったソリ

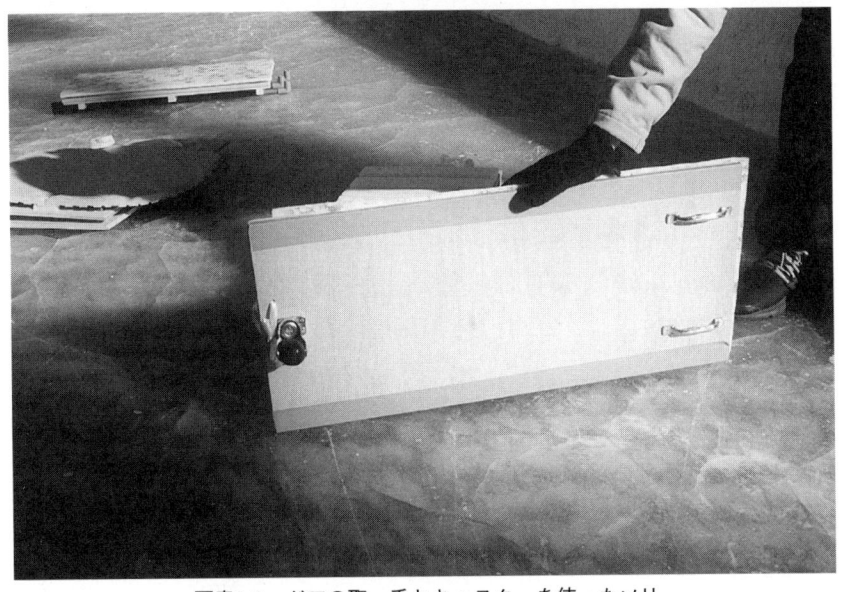

写真3-3 ドアの取っ手とキャスターを使ったソリ

りも高くなっており、座位前向きで乗った場合、姿勢を保持するために腹筋をより使ったり、重心を前方に移動させる姿勢が見られる。また、前方のキャスターは360度回転するため、あらゆる方向への転換が容易である。

4. キャスターを使ったソリ

　写真3-4は、スノコの裏に小さなキャスターを前後に4ヵ所、真ん中に1ヵ所取りつけたソリである。このソリは機動性が高く、面積が広いために安定している。したがって、座位・伏臥位など姿勢を変えての滑走が可能である。

5. プラスチック製の箕を使ったソリ

　写真3-5は、農具として用いているプラスチック製の箕にロープを取りつけたソリである。素材がプラスチック製のため氷上ではよく滑る。姿勢は座位前面、尻をつけないでしゃがむ姿勢で行う。

写真3-4　キャスターを使ったソリ

第 3 章　氷上での野外プログラム　57

写真3-5　プラスチック製箕を使ったソリ

第 2 節　氷上ソリでの直線・回旋加速度体験

1. 姿勢変化（写真3-6、写真3-7）

　姿勢の変化はソリの形状と性能にもよるが、基本姿勢は前向きの座位、四つん這い、伏臥位、背臥位で行う。能力の高い子どもは、尻をつけないでしゃがむ姿勢や中腰の姿勢で行ってもよい。ロープはソリと連結させているが、離して行うケースもある。手の位置はロープそのものを握らせる、ソリの両脇をもたせる、手を使わないなどで、強度やねらうべき姿勢反射の反応、難易度が異なる。たとえば、伏臥位で両手をどこにも握らせないで前方に伸展させておくと、直進の水平加速と同時に頸反射（首が後屈し腕が伸展）が促進される。これらは、リーダーによる他動運動であるが、ロープを張っておけば、子どもがそのロープを手繰り寄せることで上肢・体幹の筋力トレーニングとなる。さら

写真3-6　座位姿勢での滑走

写真3-7　四つん這い姿勢での滑走

写真3-8 ソリのボーリング

に、ロープは使わずに四つん這い姿勢をとらせて、片脚で氷上を蹴りながら推進させる運動も可能である。

2. 加速度の方向変化

　加速度の方向は基本的には直線加速、回旋加速であるが、直進から横滑りを起こさせ、外力に抗した姿勢変化を期待する。氷上の場合、ロープを操るリーダーの軸足が陸上で行う場合に比較して固定できないため、足を固定する工夫（履き物）に配慮する必要がある。また、回旋させる方法は、最初にロープを短めにしておき、少しずつ伸ばしていくとよい。

第3節　氷上プログラム

1. ソリのボーリング

　写真3-8はペットボトルをボーリングのピンに見立て、ソリに乗った子ども

写真3-9 滑ってキャッチ

を後方より加速させ、ピンを倒していく遊びである。異なる形状のそりや姿勢に変化を加えていくとよい。

2. 滑ってキャッチ

　写真3-9は、リーダーからソリを引いてもらいながら、途中で目標物（ペットボトル）をキャッチするものである。能力差に対する応用は、ペットボトルの大きさや重さを変える。また、複数の色やアニメキャラクターの絵を描いた目標物を配置しておき、特定のものを選択してキャッチさせるとよい。写真3-10は、色の異なるフラッグをキャッチさせている。

3. アメとソリ

　この遊びは高さ30cmにロープを張り、飴やラムネを吊るしておく。子どもにはリーダーによる他動滑走、自動滑走で滑りながら目標物をキャッチさせる。

写真3-10　フラッグキャッチ

4. 氷上ゲートホッケー

　氷上では陸上で行われるさまざまな運動が可能であるが、恐怖心を除去するために、滑りにくい条件をつくる工夫が必要となる。写真3-11は、靴の上から履ける滑り止めのあるスリッパである。能力によって片方のみ履かせたり、両方履かせたりする。写真3-12は、この履き物を使って氷上でのゲートホッケーをしているところである。各ゲートは、ダンボールを三角形にして色やキャラクターの絵を貼ることで、次の目標ゲートを明確に示していく。能力差はスティックの大きさや長さ、パック(平らな玉)があたる面積に変化を加えるとよい。

第4節　インラインスケートからアイススケートへの発展

　アイススケートの技術習得には時間を要する。そこで、アイススケートへいく前にインラインスケートの練習会を体育館にて週1回、3週にわたって行っ

写真3-11　氷上で滑りにくい履き物

写真3-12　氷上ゲートホッケー

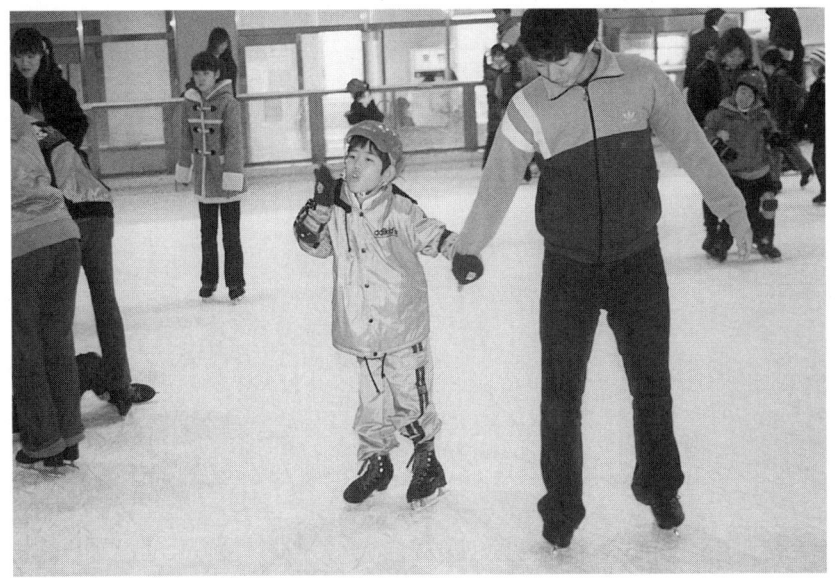

第3章 氷上での野外プログラム 63

写真3-13 アイススケート

た。インラインスケートの運動制御はアイススケートと類似しており、手軽に練習することができる。体育館には壁に加えて平均台を配置し、いつでも手がつけるようにしておいた。ある程度歩けるようになると、平均台と平均台の距離を少しずつ離していく。さらに、四方のスペースの中心に2ヵ所の大きな四角いマットや円柱マットを配置し、中心に向かって動けるようにした。これらの段階ができるようになったら、小さなカラーコーンを2ヵ所に配置し、8の字走行ができるようにする。さらに、コーンの距離を広くしたり狭くしたりしていく。このように、類似した運動を別に課していくことで、リンク内でのアイススケートに応用できる。写真3-13の子どもは、すでにスケートに対する恐怖心が取り除かれている例である。

第4章　海辺の野外プログラム

第1節　砂浜のプログラム

　砂の性質は、水分を含む場合と乾燥している場合で異なり、物を形づくるのであれば前者の条件をコントロールする必要があろう。また、砂の上を歩く、走るときは前者は動きやすいが、後者は砂が沈んだり、接地面が固定していないために動きにくい。すなわち、砂は条件によって動きを制限し、下肢の固有感覚（筋・腱・関節にある感覚受容器）を日常と異なる形で刺激する。こうした場面設定は、公園や学校の砂場ではなく砂浜や川で見られる。また、子どもに限らず砂浜では、寝た状態（仰臥位）で体の上に砂をかけ、埋まっている光景をよく目にする。こうした状態で感じることは重さである。すなわち、砂は密度が高いために重量がある。この条件においても、人は皮膚の触感や筋の固有感覚を刺激している。夏場の熱い砂や少し掘って感じる冷たい砂の感覚も同様のことがいえる。このように、砂浜は感覚統合の場、あるいは創造性を高める場として絶好のフィールドである。

1. 潮干狩り

　アサリが生息できる浅瀬および海岸は限られている。本プログラムを実施した片瀬江ノ島海岸（神奈川県）は、こうした条件が整っていない。今回、電車を使って移動したため、プログラムへの場面設定を1時間圏内とした（電車に乗るという社会性のトレーニングも一つの目的）。したがって、事前にアサリを用意し砂に埋めておいた。また、①当日の気温・水温が低いこと、②潮の

満ち干きが満潮時に当たることを考慮し、貝を入れるエリアを調節しておいた。また、こうしたプログラムでは貝に似せたゴム製のものを使用してもよいが、できるだけ本物（実物）を触らせることを考慮して実施した。本プログラムは、10m四方の囲いの中に貝を埋め、その位置をあらかじめ対象児に示しておいた（写真4-1）。また、シャベルで砂を掘り返すなどして、貝が見えるようにした。このプログラムのねらいとする感覚刺激は、砂に対する触覚（砂を掘る、砂の中で貝を探るなど）となる。

2. しっぽ捕りゲーム

このゲームは、30cm程度に切ったスズランテープを1本ずつ配り、それをしっぽに見立てて尻とズボンの間に挟み、自分のしっぽを捕られないようにしながら人のしっぽを捕るというゲームである（写真4-2）。このプログラムのねらいは、砂場という歩きにくい条件で運動量を確保すること、足関節・筋・腱といった固有感覚への刺激である。

写真4-1　潮干狩り

写真4-2　しっぽ捕りゲーム

3. 山づくり

　5～6班に分け、それぞれの班で砂の山をつくった（写真4-3）。その際、始めにリーダーが山の見本をつくり、その後各自が山をつくった。できあがった山を合わせて、もっと大きな山をつくるというプログラムに発展させた。

4. 宝探し

　このゲームの方法は、数字を書いた紙をフィルムケースの中に入れて砂の中に埋め、それを見つけ出した子どもは、数字の分だけアメをもらえるというものである。

5. 電車でゴー

　本プログラムは、ロープの中に子どもたちとリーダーが入り、一列になって歩くものである（写真4-4）。このプログラムのねらいは、砂に足を取られなが

写真4-3　山づくり

写真4-4　電車でゴー

写真4-5　地引き網体験

ら並んで歩く（下肢筋力のトレーニング、運動量の確保、固有感覚刺激）ということである。障害を持つ多くの子どもは、集団で遊ぶのが苦手である。この遊びはルールが単純であるため、全員が参加可能となる。

6. 地引き網

　写真4-5は、二ノ宮海岸（神奈川県）で行った地引き網体験である。最初と最後は機械によって巻き上げ、途中の場面は全員で引くようにした。地引き網は模擬的なゲームとしても可能であるが、本物の魚がはねる様を見ること、実際に触るといった体験は重要である。

7. 宝をさらって逃げろ

　写真4-6は、砂の入っているペットボトルをロープで結び、輪の部分を手または足首につけて歩く道具（宝）である。ロープの途中にはゴムがつけてあり、輪の部分を引くとゴムの部分が伸び、一定の強度になるとペットボトルが動き

写真4-6　宝をさらって逃げろ（宝）

写真4-7　手で持って歩く

写真4-8　足と手で引きながら歩く

出す。子どもたちは、10m先のゴールに対して輪を手で持って歩く（写真4-7）。能力の高い子は写真4-8のように足首と手の両方で実施した。

8. 投網（写真4-9）

　投網は、1m×2mの植木用ネットの中心にロープを結び、ネットの周囲をビニールロープで編み込み絞っておく。獲物は発泡スチロール（魚やアニメキャラクターの型に切り抜き、ペイントを施した物）にハンガーのフックを取りつけ、砂の上に置いておく。子どもたちは指定された距離から網を投げ引っかける。能力差は網を投げる距離でコントロールした。

第2節　砂斜面のプログラム

　静岡県下田にある田牛海岸は特殊な地形をしており、海から吹く風が砂を舞い上げ、約40度の砂斜面を形成している。砂の斜面は、登ろうとすると砂が崩れて歩きにくい特性がある。本プログラムは、これらの特性を生かし、バラン

写真4-9　投網

ス、筋力といった体力要素と感覚統合の要素を取り入れた。

1. 砂斜面を登りながらの輪投げ

　写真4-10は、斜面を登りながらの輪投げである。能力差への対応は登る高さ（ゴール）とポールを置く位置でコントロールした。

2. 落ちてくるボールをすくう

　写真4-11は、斜面の上方から転がしたカラーボールを虫取り網ですくい取るゲームである。能力差への対応は、ボールをすくう位置（斜面の途中、平地）、カラーボールの色指定で実施した。

3. サンドソリ

　サンドソリは、2人乗りと1人乗りのプラスチック製ソリを用いて実施した

第 4 章　海辺の野外プログラム　73

写真4-10　砂斜面を登りながらの輪投げ

写真4-11　落ちてくるボールをすくう

(写真4-12)。ほとんどの子どもは恐怖心が働くために、自分にあった速度にコントロールしていた。自分でコントロールができない子どもに対しては、2人乗りのソリにリーダーが後方に乗り、少しずつ速度に慣れるようにした。また、暴走に備えて斜面の中間地点と下にリーダーを配置した。

以上のように砂斜面のプログラムは陸上や雪上とは異なる体験が可能である。留意点として、日中は海から陸に向かって風が吹き、砂が舞い上がってくる。このような条件でソリをすると砂が目や皮膚にあたり、速度によっては痛いと感じる。とくに目・鼻・口に対する配慮としてはゴーグルやマスクが有効である。

第3節　海のプログラム

海のプログラムは、磯場で行うものと、海水浴場のように砂浜で行うもので

写真4-12　サンドソリ

写真4-13　竹とビート板による筏

は遊びの内容が異なる。磯場は、魚・貝など多くの水中生物が生息しており、これを観察するには砂浜だけの海岸よりも優れており、子どもの本能にあるハンティング行動をかきたてるが、危険度も高い。一方、砂浜を主とするフィールドでは、砂遊び、遊泳、海上でのボート漕ぎなどのほか、海特有の潮の干満、うねり、浮きやすさ、砂場の感触などを楽しむのによい条件である。

1. 竹とビート板による筏（写真4-13）

　この筏は、約40cmに切った竹を6本とビート板3枚を用いたものである。2本の竹はビート板を挟むように紐で間隔を開けて結び、これらを前後3列に連結したものである。この筏は不安定なので姿勢は伏臥位とし、他運動および自分の手で掻く運動を行わせた。また、この筏の特徴は、動きが個々の三つに分散されていることから、腹もビート板に乗せることで、腹の部分、手の部分、足を乗せている部分が別々に動かせることにある。

2. タイヤチューブを使った筏

　この筏は、トラックのタイヤチューブの中にサイコロ状のウレタン4個を入れ、上下にウレタンでできたカラーマットを紐で縛って固定したものである。

（1）　他者に動かされて移動するケース（写真4-14）

　基本姿勢は座位とし、チューブに結んであるロープをリーダーに引いてもらい、後方へ転倒しないようロープのもう一端を握りバランスをとる。

（2）　自分で筏を移動させるケース（写真4-15）

　補助ロープは、筏に直接つけず海上に置いておく。ロープの一方はリーダーが固定させておき、もう片方のロープを自分で引きながら筏を動かす方法である。この方法は、姿勢の変化が多様にできるため、立位条件でも可能である（写真4-16・4-17）。

3. 磯遊び

　磯場では、貝類とくにカキによって足を切るため靴を履かせた。また、水中

写真4-14　タイヤチューブの他動運動

第4章 海辺の野外プログラム 77

写真4-15 タイヤチューブ筏（座位）

写真4-16 タイヤチューブ筏（立位）

写真4-17　タイヤチューブ筏（立位2連）

の生物が見えるように、各自牛乳パック（1ℓ）の底を切り抜き、プラスチック板をテープで貼りつけた箱メガネを渡して観察させた。

4. 海に入っての地引き網

　写真4-18は、ネットの中に石を入れたものを地引き網に見立てた遊びである。網を引く場所は海水の中とし、膝下程度の深さで行った。能力の高い子どもは、足場の不安定な波打ち際に配置した。この遊びは、重さやロープの長さを調整できるため、人数や能力に応じて課題をコントロールできる。

5. ボディーボード

　写真4-19は、ボディーボードに乗った子どもをロープで引きながら動かす遊びである。多くの子どもは波に上手に乗れないため、ボードを支えているリーダーが波のタイミングに合わせて乗せてやり、同時に浜から別のリーダーがボ

写真4-18　海に入っての地引き網

写真4-19　ボディボード

写真4-20　浮遊具を用いてのプログラム

ードを引いてやる。

6. 多様な浮遊具を使ってのプログラム

　写真4-20は、市販されているシャチの浮遊具を使ったものである。そのほかバナナボートやボートなど多様な遊具を浮かせておき、子どもたちの意志で乗りたいと思うものにチャレンジさせた。大型の浮遊具は空気を注入するのに多くの時間と労力が必要となる。プログラムの事前準備では、実際にふくらませて欠陥や破損部位の点検や時間を計測しておくとよい。

7. ジェットボート体験

　ジェットボートは、高速かつ方向転換が機敏にできる（写真4-21）。ボートが波を乗り越えて進むときは、水平加速に加え垂直方向への上下運動が発生する。また、方向転換の際の外力やヒールしていくボートに対する身体の姿勢制

第4章　海辺の野外プログラム　81

写真4-21　ジェットボート体験

御は非日常的なものである。

8. クルーザー体験

　ヨットは、風を受けて動力を得る代表的なマリンスポーツである。本プログラムで使用したヨットは全長30フィートのクルーザーである（写真4-22）。ヨットが風を受けて直進している場合、船体は傾いて滑走する。波の衝撃や風を身体で受ける感覚は、特有な刺激である。

第4節　海プログラムの安全管理と留意点

　海のプログラムは陸上に比較して危険度が高い。以下、留意点を示す。
① 海水浴場を使う場合、ライフガードのスタッフに人数・場所・時間などを報告。

写真4-22　クルーザーヨット体験

② ガード体制は、全体のウォッチングをする者のほかに危険が予測される場所に配置。
③ ライフジャケットの着用（ヨット・ボートは必ず）。
④ 磯場に限らず靴の着用がよい。
⑤ シャワー、トイレ、更衣場所の確認（シーズン前は使えないことがある）。
⑥ 夏季の場合、日射病・脱水症に配慮（帽子・水分補給・休憩時間の確保）。
⑦ 危険な水中生物に注意（クラゲ、毒針を持つ魚）。
⑧ 潮時表のチェック。
⑨ 天気図、その土地特有の気象条件、危険な雲のチェック。
⑩ 漁港との連携（ヨットなどは定置網との関係）。
⑪ 港が近くにある場合、製氷工場がある（大量に氷を用意しておくと便利）。
⑫ 病院の確認。

第5章　岩・沢・川の野外プログラム

第1節　岩登りのプログラム

　本プログラムは、高さ約 7 m の岩場で実施した（写真5-1）。対象者は、ヘルメット、肘・膝のパットを装着し、履き物は靴とした。ロープは自力で登るためのメインロープ 1 本と、補助ロープを対象者の腰に着けた安全ベルトに連結し、別の位置より各能力に応じ張力を調整した。補助者は最初の一歩を援護する者、サイドロープを操作する者、メインロープに 1 人の計 3 人であった。対象者には必要最小限の援助とし、できるだけ自力で登るようにさせた。ただし、

写真5-1　岩登り

筋力等で問題のある者には補助ロープを使って負荷を軽減させた。このプログラムは、やるかやらないかを自分の意志で選択させた。

このプログラムでは、自らチャレンジし克服していく要素、筋力、手と足により体重を分散させるコントロール能力などをねらいとして実施されたが、こうした方法論は、人工的につくられているロッククライミングなどで行うと、より安全であり工夫が可能である。

第2節　沢登りのプログラム

本プログラムの沢登りコースは、全長約5kmの中で安全が確保できる1kmを選択して実施した。沢登りのフィールドは、流れる水の条件（流れの緩急、落込み、苔で滑りやすい石、水の中の見えない石）、山の急斜面の登り降りの条件が含まれる。これらの条件は、主に足関節の筋・腱・骨に存在する固有感覚を刺激する感覚統合に適している。本プログラムは、沢登りをポイントラリー形式（5ヵ所のチェックポイント）で実施した。なお、服装は長袖、長ズボン、長靴で行った。

1. ゴツゴツマンをやっつけろ

子どもたちが、体に新聞紙を丸めたものがたくさんついているゴツゴツマンという相手（リーダー）に対して、カラーボールを投げつけて倒すプログラムである。このプログラムは砂防のある広場で行われたが、足場は石であるため不安定である。このような条件に加え、さらに能力に応じて敵が静止または動いている状態にした。

2. 緩斜面の沢でひもをまたぐ、くぐる

この課題は、緩斜面の沢で約30cmと50cm程度の高さにロープを張っておき、

第5章　岩・沢・川の野外プログラム　85

写真5-2　沢登り（またぐ）

写真5-3　沢登り（くぐる）

約30cmの高さのひもはまたいで渡り（写真5-2）、約50cmの高さのひもはくぐって渡る（写真5-3）という動作である。足場は石などで不安定であり、また川が流れていて滑りやすくなっている。

3. ロープを使って急斜面を登る

写真5-4は、山の急斜面（足場は土）ロープを上から垂らしておき、そのロープを使って登るという課題である。リーダーの補助は必要最小限とした。

4. 急斜面を下る

写真5-5はロープを使って降りる課題である。登るのと比べ、降りるほうが困難な課題となる。この課題は、斜面に対する自分の位置感覚を体験させるというものである。

写真5-4　ロープを使って急斜面を登る

第 5 章　岩・沢・川の野外プログラム　87

写真5-5　急斜面を降りる

5. 宝探し

　この課題は休息を兼ねて行われたもので、平地の沢の中に宝を隠しておき、探し出したら宝とお菓子を交換した。宝は、アニメキャラクターの絵を書いた紙が見えるように透明の袋に入れておいた。

第 3 節　川のプログラム

　川は、同一エリアであっても深さ、流れの速度，石などの障害物によって流れが変化する。また川底の石の大きさや砂利、土などによって歩きにくさが異なる。このように、ただ川の中を歩くことだけでも感覚統合トレーニングとなるが、内的動機をいかに高められるかが重要な課題となる。本プログラムは、本流の脇にある浅瀬で流れが比較的弱い場所を選んで行った。

1. 玉入れ

写真5-6は、上流より流れてくるカラーボールをとり、用意してあるカゴ（リング）にシュートする。足場の悪い条件で、どの程度の力を入れたらカゴまで届くのか（力）、どのようにしたらカゴの方向へ向かうのか（方向）を感じさせることが目的であった。また、能力に応じてボールの色とリングの色を指定した。

2. おもちゃの魚釣り

写真5-7は、発泡スチロールに魚や貝などの絵を描き、釣り竿を使って釣り上げる遊びである。絵にはそれぞれ色も塗ってあり、能力に合わせ「○色のものをとってみよう」と色の指定をしたり、「貝をとってみよう」などといった名称の指定をした。釣り竿が上手に使えない者は、指示どおりにものを素手で

写真5-6　玉入れ

写真5-7　おもちゃの魚釣り

とるようにした。

3. スプーンor箸でボールを拾う

　写真5-8は、スプーンか箸を使い、水の上に浮かぶボールを拾う課題である。これらの動作は集中力が必要であり難易度が高いが、徐々に上達していった。箸を使うことのできる子どもは少なかったが、能力の高い子どものために、こうした難易度の高いものを準備しておく必要がある。

4. 岩魚づかみ

　生きた魚に実際に触れることにより、魚のぬめり・形・動きを感じ、皮膚の触覚を刺激しようとするものである。また川底が砂利や石という条件下で、目的とする魚を追いかけるというのは、内的動機の高い感覚統合トレーニングとなる。

写真5-8　スプーン・箸でボールをすくう

写真5-9　岩魚のつかみ取り

第5章 岩・沢・川の野外プログラム　91

写真5-10　釣り堀での岩魚釣り

第4節　釣りのプログラム

　魚釣りは、海であれば船・磯・堤防といった場所となる。川であれば河口・川・渓流といった場所となる。そのほかに池や釣り堀などがあり、場所やねらう魚の種類によって道具や技術が異なる。これまで本物の魚であれば、つかみどりであった。おもちゃの魚釣りであれば水上・雪上・陸上で行ってきた。また、釣り以外では本物の地引き網、遊びとしての地引き網を体験させてきた。本プログラムは、実際の釣り（釣り堀、せき止めた渓流）と流れる渓谷の中での釣り遊びについて紹介する。

1. 釣り堀での釣り、渓谷での釣り

　写真5-10は、釣り堀での岩魚釣りである。エサのつけ方や釣れた魚を針から

はずす作業はほとんどできない。しかし、竿から手に伝わる魚のはねる感覚は子どもたちにとって貴重な体験となる。釣り堀の場合、ほとんどの子どもは失敗しないが、渓流にせき止めてある場所に魚を放して釣る場合は困難である。放す魚は最初に買い取るのが主であるために、釣れないと料理等の材料が不足することがある。したがって、あらかじめネットを下に敷いておき、最後に引き上げるようにするとよい。魚のつかみ取りでも同様である。

2. 渓流での釣りに見たてた遊び

(1) 流れの中で動く魚を釣る

このプログラムは、季節が夏であれば川の中に入っての遊びとなるが、それ以外の気温が低い場合、岩場や川岸から釣ることが条件となる。写真5-11は、流れる渓流の中で発砲スチロールの魚を釣る遊びである。魚は大きいものから小さいものまでを用意して、針が引っかかる輪をつけておく（写真5-12）。魚

写真5-11　流れの中で動く魚を釣る

第5章　岩・沢・川の野外プログラム　93

写真5-12　発泡スチロールの魚

はゴムチューブで下の石と結ぶ。引き上げようとするとゴムの弾力で実際の魚のようにはねる感じとなる（写真5-13）。能力差は、サオの長さ、糸の長さ、魚についている輪の大きさ、魚の大きさ、魚を置く位置などで変化させるとよい。

(2) 獲物を突く

写真5-14、15、16は、獲物に対してモリで突く遊びである。獲物は、発砲スチロールを亀の形にし、真中を抜いたものを二つ用意し、その間にネットを固定しておく。モリは、棒の先端に針金のハンガーの柄の部分を切り取り、鋭角にした

写真5-13　魚の下にチューブと石を連結させたもの

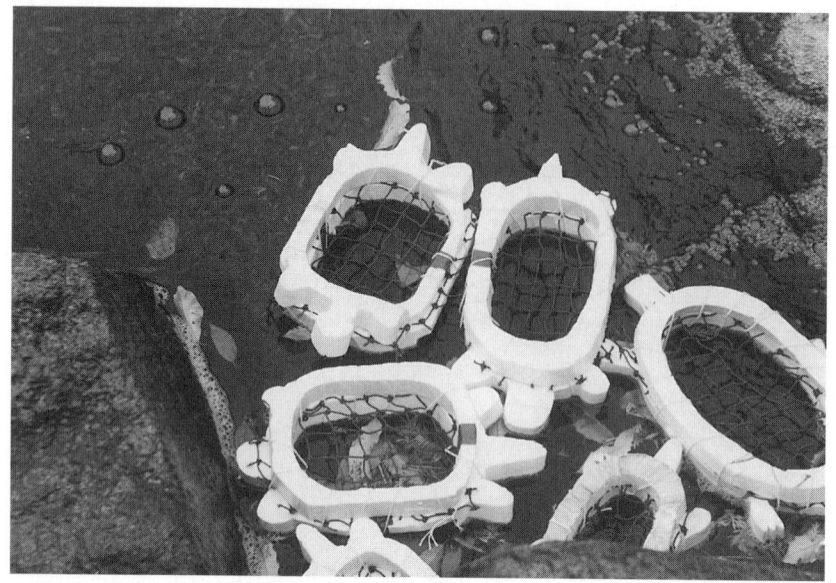

写真5-14 モリで獲物をつく遊び

写真5-15 モリで獲物をつく

第5章　岩・沢・川の野外プログラム　95

写真5-16　能力の低い子どもは静水条件で

ものを取りつけておき、流れている獲物を岸や岩場の上から突いて引っかける遊びである。能力差は、モリの長さ、獲物を置く位置（浅瀬で浮きにくい場所などを選択）でコントロールするとよい。

(3) 獲物をすくう

　写真5-17は、獲物に見たてたピンポン玉をすくう遊びである。すくう網は、棒の先端にひしゃくを取りつけてある。写真5-18は、同様に先端にソバなどの湯切りを取りつけてある。それぞれ重量や長さを変えておき、子どもの能力に応じてチャレンジさせるとよい（色を指定して拾う）。また、ピンポン玉を流す場所やすくう場所によっても困難さが異なる。写真5-19は、流れが落ちる場所で実施している。

(4) 魚の名前カード

　プログラムの前後、バス等で移動する時間がある。そういう時間を利用して、今見たり触ったりしたばかりの魚の名称や特徴を教える。図5-1は渓流に住む

写真5-17　獲物をすくう（ひしゃく使用）

写真5-18　ソバの湯切りでつくった道具

第5章　岩・沢・川の野外プログラム　97

写真5-19　流れの落ち込みポイントですくう

図5-1　魚の名前カード

岩魚と山女魚の絵と名称を書いたカードであり、首からかけておく。リーダーは、絵から魚の特徴や名前を何度も繰り返し教え、クイズを行っていく。帰りのバスの中でも同様に繰り返し、クイズをすることで名称や特徴を覚えさせる。このようなカードはあらゆるプログラムで応用でき、カードの裏には、子どもの名前、担当リーダーの名前などを書いておくことで、安全配慮の一つにもなっている。また、能力の高い子どもには、複数の絵と名称にすることで対応するとよい。

第5節　岩・沢・川での安全確保

　岩・沢・川でのプログラムは、十分な下見と安全確保の点検が必要となる。以下の点に留意したい。
① 夏でも皮下脂肪の少ない子どもには低体温症（ハイポケーシア）に留意。
② 転倒・打撲の危険が川や渓流では多い（危険な場所、装備）。
③ アブ（メス）・ブヨ・蚊・ヒルに対する服装。抗ヒスタミン剤。
④ 漆・毒ゼリなどの植物に注意。
⑤ 熱中症に対する対応（帽子、水分補給、休憩）。
⑥ 釣り針に対する安全確保（他人との距離をリーダーに徹底）。

第6章　池・温泉で行う野外プログラム

第1節　池で行う水上プログラム

　水上プログラムに関するエリアは、これまで海・池・沢・川を主として行ってきた。これらの条件は、天候や気温により安全確保等に自然の条件が強く関与していた。本プログラムは、富士山子どもの国（静岡県）施設内にある人工の池を使って実施した。この施設は、雨プログラムの対応、スタッフの対応、トイレ、温水シャワーなどの設備が整っており、障害児・者を対象とするのに適していた。なお、本プログラムの対象は知的障害を有する子どもと成人に分けて実施した。

1. 重量感を重視した釣り（写真6-1，写真6-2）

　この釣り遊びは、実際の魚釣りのひかれる感じ、竿のしなりの感じを引き出す工夫がなされている。まず、魚の重量感を出すために2ℓのペットボトルの中に約1ℓ（鰹の重さ）の水を入れておく。外装は、タコやイカなどのペイントを施す。ペットボトルと輪にしたビニールホースは五重にした輪ゴムでつなげておく。竿が本物であればしなるが、このしなりの代わりになるのが輪ゴムの弾力である。ビニールホースの輪に針（フック）をかけ、釣り上げるとペットボトルが水上より出る間、ゴムが引き伸ばされ、ペットボトルが水より出ると伸び縮みがあり、鰹がはねている感じが竿を通して手に伝わる。釣りのゲームは、磁石や引っかけるものなどがあるが、それらでは魚の重量感や魚がはねたり引かれる感じが出せない。しかし、上記の工夫をすれば、これらの感じは、

より本物に近くなる。体力があるものには1ℓから1.5ℓの水を入れたものを選ばせ、体力の低いものや低学年では500mℓのペットボトルを選択させることで対応した。重いものを持ち上げる場合、腕だけでは引き上げることができない。したがって、足のスタンスを広げたり、腰を低くしたり、体全体を使うようになることが観察される。

2. 鰹の引っかけ漁（写真6-3、写真6-4）

この釣りは、水を入れたペットボトル（鰹）にホースを輪ゴムで止め、ハンガ

写真6-1　重量感を重視した釣り

写真6-2　ペットボトルとホースを使った魚

第6章　池・温泉で行う野外プログラム　101

写真6-3　引っかけ漁の道具

写真6-4　鯉の引っかけ漁

ーのフックを束ねたロープを投げて引き上げる。この釣りの特徴は、竿を用いないで直接ロープを投げて引き上げる点である。

3. 自動・他動によるチューブ筏のプログラム

(1) 自分で引き寄せる筏

写真6-5は、ロープの一端を岸に固定しておき、チューブや筏に乗りながら自分で引き寄せていく運動である。この場所は池であるため、川や海のように波・風・水流といった影響を受けにくい条件であり、自力で容易にコントロールできる。しかし、タイヤチューブが水に接している表面積が広いため、速く動かそうとすると水の抵抗が比例して大きくなる。このことは、各個人に能力差があっても、それなりの筋力を自動的にコントロールできるメリットがある。また、静水であるためバランス制御能力の低い対象者でも、立て膝・立位で実施でき、姿勢を変えることが比較的容易である。

写真6-5　自分で引き寄せる筏

第 6 章　池・温泉で行う野外プログラム　103

写真6-6　他動による筏（座位後ろ向き）

(2) 他人に岸より引いてもらう

　写真6-6，写真6-7は、他動によって岸側からロープを引くことで変化を起こす筏である。知的障害児・者を対象とするプログラムではグループで実施することが困難なことが多々あるが、ロープを引くといった単純な運動では集団参加することが可能である。しかしながら、乗っている相手の動きや能力を見極めて力や速度をコントロールすることができないため、リーダーとともに行う。写真6-8で筏に乗っている者は、後方を向いているが、他動運動ではこうした後方への加速負荷も可能である。

(3) オールを使う筏

　写真6-9は、チューブ・竹・ベニア板で組み立てられた筏であるが、オールを使っている。このタイプの筏は、カヌーに乗って漕ぐようには動かない。したがって、ロープが前方に取りつけてあり、リーダーによって力を軽減している。ここでは、漕ぐというよりも動いている筏に対してオールで水を押さえ、

写真6-7　他動による筏（仰臥前向き）

写真6-8　他動による筏（伏臥後ろ向き）

第6章　池・温泉で行う野外プログラム　105

写真6-9　オールを使って方向を変える

止める操作をさせることで方向を変えるということを感じさせる。また、動いている物体を止める場合、より力がかかることを体験させている。

4. チューブ渡り

　この遊びは、タイヤチューブを三つつなげて岸側と水の中からの両方からロープを張っておき、その上をバランスよく歩くものである（写真6-10）。このチューブは、足の位置、タイミングによりに動くため、一つのチューブでだけでもバランス制御が困難である。能力の高い成人・子どもは、とくに補助はつけずに1人でやらせた。また、チューブの数を増すことで負荷強度を増した。成人の場合、身長・体重が大きいため、子どもに比較してチューブの揺れが大きい。したがって、子どもよりも成人のほうが補助者の役割が重要となる（写真6-11）。

写真6-10　チューブ渡り

写真6-11　チューブ渡りの援助

写真6-12　ハンマー投げのボール

5. ハンマー投げ（カラーボール大）

写真6-12、写真6-13は、網の中にカラーボール（大）を入れ、手で持つ輪（ホース）にロープをくくりつけたハンマーを投げて、どのくらい飛んだかを競うというプログラムである。

第2節　温泉・ジャグジーのプログラム

最近、水着着用で入るスパリゾートが各地にある。利点は雨や気温に左右されないことである。したがって、雨の多い6月・9月や冬季においてもアクア・プログラムが楽しめる。

1. 温泉ラリー

本プログラムは、箱根（神奈川県）にあるスパリゾート・ユネッサンで実施された。このスパリゾートは、山の傾斜地にある「ユートピア」というゾーンにプールをはじめ16の各種温泉がある。もうひとつの「ユネッサン」というゾ

写真6-13　ハンマー投げ

ーンには、死海の塩を使った温泉を始め11の風呂やウォータースライダー（ロデオマウンテン）がある広大なリゾートである。土日は混雑しており、ガード体制が充分に取れない状況が発生する。そこで、現地のレスキュー本部と充分に情報交換をし、ガードを強化してもらった。また、集団で一つのエリアにいると迷惑なので、大きく2グループに分散させた。さらに、各グループは三つに分け班行動を徹底させた。プログラムは感覚統合の視点から最重要と思われるものを三つ選択し、その部分以外は自由とさせた。各エリアには、赤・青・白のタグをある所にかけてあり、それを探しながら入浴していく温泉ラリーを実施した（写真6-14）。感覚統合における三つのポイントは以下のとおりであった。

(1) 散歩風呂（石の上を裸足で歩く）

散歩風呂は、底に大小の石が埋め込まれており、歩くと足裏を刺激される。さらに冷たい水と温かい温泉が流れており、交互に歩くことで皮膚感覚を刺激

写真6-14　温泉ラリー、隠されているタグを探す

する（写真6-15）。

(2) 死海風呂（無重力体験）

　死海風呂は、塩分濃度が高く浮力が大きいため、座ろうとしても体が浮く。完全に仰向けで寝ることもできる。ただし、アトピーなどの皮膚に問題のある者は、刺激が強いため避けた。

(3) 滝の通過、ウォータースライダー

　この課題は滝の中を1人で、あるいはリーダーとともに通過するものである（写真6-16）。通過する場所によって身体にかかる重量が異なるので、体の大きさや恐怖心によって変化させた。ウォータースライダー（ロデオマウンテン）は傾斜によって3コースある（写真6-17）

2. ジャグジープログラム

　本プログラムは、スパリゾート日金の湯（静岡県熱海）を一定時間貸切りに

写真6-15　散歩風呂（足裏の刺激）

写真6-16　滝の通過

第6章 池・温泉で行う野外プログラム 111

写真6-17 ウォータースライダー

して実施した。この場所は比較的狭いエリアに五つのゾーンがあり、全体のガード体制が容易である。以下のプログラムの内容について紹介する。

(1) 流水プールでのボディーボード

　本来このプールは泳ぐためのものであるが、充分な泳力がないためボディーボードに乗せた。写真6-18は、市販のボディーボードにロープを結び、流水上でチャレンジさせた。身体重心を左右に移動することで、ボードが移動することを徐々に身体で知っていく。写真6-19は、バーに捕まって流水上で身体をコントロールするものである。ボードに比較して簡単であるが、手と腕にかかる力は大きい。

(2) 水中から的に対して投げる（写真6-20）

　水中で投げる動作は、陸上とは異なり、下半身が水の抵抗で動きにくいために困難となる。この遊びはこのような条件のもとで、風船に水を入れたものを的に向けてあてるものである。的は、色の異なる鬼の絵を低い位置と高い位置

写真6-18　流水でのボディーボード

写真6-19　バーにつかまってのボディーコントロール

第6章 池・温泉で行う野外プログラム 113

写真6-20 水中から的に対して投げる

にして置いて投げさせた。

(3) 水爆弾を運んで落とせ（写真6-21）

このプログラムは、風船の中に水を入れ、約1kg程度の重さにし、それを持って階段を上がり、下に落として割らせるものである。水の入った風船は形が変化し持ちにくい。さらに、それを持って階段を上っていく運動は日常生活にはない。

(4) ピンポン玉すくい

写真6-22は、オレンジ色と白色のピンポン玉をジャグジーの中に入れておき、湯豆腐すくいやお玉ですくい、指定されたカゴ（色が指定されている）に入れるものである。能力の低い者には、小さな道具と色を指定する。風呂の中はジャグジーになっており、玉は動いているため、家庭の風呂で行うより変化が与えられる。

(5) 距離の異なるゴールへの玉入れ

写真6-21　水爆弾を運んで落とす

写真6-22　ピンポン玉すくい

第6章　池・温泉で行う野外プログラム　115

写真6-23　距離の異なるゴールへの玉入れ

　写真6-23は、ジャグジーの中にカラーボール（赤・青・黄）を入れておく。ゴールは1m、2m程度の異なる距離にカニなどの絵の描いてあるカゴを置く。子どもたちは、リーダーの指示にしたがって指定されたゴールへボールを投げる。写真6-20では、ターゲットの位置を高低で実践したが、このプログラムでは距離で変化させ、当てるのではなく投げ入れることを重視している。

(6)　ヨーヨーすくい

　写真6-24は、ジャグジーの中にヨーヨーを入れておき、小さな釣り竿（割り箸と糸）で引っかける。運動の難易度は棒の長さと糸の長さでコントロールする。

(7)　足で拾って指定した場所に入れる

　写真6-25、写真6-26は、流れるプールの中にゴム製の貝やリングを沈めておき、子どもたちが足で拾う遊びである。貝は指定されたカゴに入れ、リングは指定された色の棒に差し込む。

写真6-24　ヨーヨー釣り

写真6-25　足で拾った貝を指定されたカゴに入れる

写真6-26　足で拾ったリングを指定された棒にさし入れる

3. 温泉ジャグジープログラムの安全対策と留意点

スパリゾートでプログラムを実施する場合、以下の点に留意するとよい。

① 目の保護（ゴーグル着用可の場合）に留意（洗眼）。
② 滑りやすい場所のチェック（床の素材）。
③ 混雑する午後を避ける。
④ 集団をできるだけ分散させ、グループごとで把握していく。
⑤ 適度に休憩を取らせる。
⑥ 水分の補給。

第7章　カヌープログラムの実践

　カヌーの運動特性には、次のような点があげられる。①道具（パドル）、水を介して推進力を得る運動、すなわち、水をパドルの面で押さえることで、その反作用によって推進力を得る運動である。②有酸素および無酸素運動の両エネルギー供給過程を用いる（カヌーレーシングでは500、1,000、5,000、10,000m）、③自然のフィールド（川・湖・風・流水）の中で行われる、④競技スポーツ、レクリエーション・スポーツ、生涯スポーツの要素を持つ。

　カヌープログラムを健常児や障害を有する子どもたちに実施する際には、次のような欠点があげられる。①不安定さと恐怖心、②自然の条件を受けやすい（気温・風・流れなどに対する安全確保）、③距離やタイムだけでは多くの障害や年齢には対応できないという点である。

第1節　カヤックカヌー、カナディアンカヌーのプログラム

　対象者は、5歳から15歳までの知的障害児の男女70名（3回実施した延べ人数）で実施した。スタッフ体制は、すべてのプログラムにおいてマンツーマンで配置し、延べ100名であった（3回実施した延べ人数）。期間は、5月～7月にかけて、基礎・応用・発展の計3回で実施した。場所は、神奈川県宮ヶ瀬やまなみセンター宮ヶ瀬湖畔園地親水地で行われた。各プログラムごとのねらいとして、基礎編ではカヌーに慣れ親しむこと、安定性のよいカヌーの作成を目的とし、初めて乗る不安定ななカヌーに、しかも自分でどうしたら乗れるかを考慮し、安定性のよいカヌーの提供をした。

応用編では、水辺の安全、ゲーム性を取り入れたカヌープログラムをつくった。水辺の安全をどのようにして確保するのかという体験と、カヌーを楽しむことを目的に多くのゲームを取り入れたのである。

発展編では、長時間カヌーを漕ぐこと、カヌーを上手に操ることを目的にしたプログラムを展開した。

安全対策の配慮として、全プログラムは、すべての行動においてマンツーマン体制で実施した。ガードは、危険と思われる場所に対して陸に配置した。湖には救助艇を一艘配置し、プログラム中のメンバーの安全確保に留意した。

1. 基礎編

(1) カヤックカヌープログラム

カヤックカヌーは、カナディアンカヌーと異なり、安定性がないため補助器具（スタビライザー）を設置をした。スタビライザーは、カヌーと同じ長さの竿を利用し、竿の中心部をカヤックカヌーの後端部に取りつけ、両先端部にフローターを固定した（写真7-1）。スタビライザーを設置した結果、安定性が増し、スタビライザーを設置する前よりもスムーズに乗ることができた。

(2) カナディアンカヌープログラム

障害を有する子どもたちは、パドリング技術が未熟なため風などに大きく影響される。この点を補うために、カナディアンカヌープログラムでは、カナディアンカヌー後端にロープを取りつけ、陸からリーダーが方向の修正を行えるようにした（写真7-2）。また、カナディアンカヌーは安定性が高いため、普通に漕ぐだけでなくリーダーと一緒に湖面に設置したゴールにボールを入れるというゲームを取り入れた（写真7-3）。

2. 応用編

(1) レスキュープログラム

写真7-1　スタビライザーの設置

写真7-2　カヌーの後端にロープを取りつけ、方向の修正

写真7-3　カナディアンカヌーでのボール入れ

　本プログラムでは、フラフープにロープを取りつけたものを用い、湖の中にいるリーダーを救助するというゲームである。このプログラムでは、単にリーダーを救助するだけてなく、自分が水に入ってはいけないこと、またロープを使ったときの重さを知ることをねらいとしたものである（写真7-4、写真7-5）。

(2) 宝探しプログラム

　本プログラムは、レスキュープログラムと同様にゲーム性を取り入れたもので、転覆したカヤックを救助するというものである。

　各カヌーは三つのグループに別れ、異なった色の宝箱が置いてあるそれぞれの島に行く（写真7-6）。宝箱の中にはS字の器具が入っている。そして、入手したS字器具で転覆したカヤックを救助する。この際、転覆したカヤックにはあらかじめロープとフラフープをつけておき、ひっかけやすい状態にした（写真7-7）。このプログラムは、沈没したカヌーをけん引するときの重さや困難さを知ること、陸からではなく、自分自身の動きが制限されてしまう状態での救助を体験させることであった。

第7章 カヌープログラムの実践 123

写真7-4 レスキュープログラムの道具

写真7-5 溺者を引き上げる

写真7-6　宝探しゲーム（宝箱を取りに行く）

写真7-7　転覆したカヌーの救助

写真7-8 ボール運びリレー

(3) ボール運びプログラム

　このプログラムは、ゲーム性をより強調し、感覚統合を意識したものである。このプログラムでは、三つの島にそれぞれの大きさの異なったボールが置いてあり、大・中・小の順番にボールを取りに行き、指定されたゴールにボールを運ぶ。最後のボールは、カヌー上より的に当てるというものである（写真7-8）。

　このプログラムでは、単にボールをゴールへ運ぶというだけではなく、ボールの大きさを選択し、ゴールへ向かわなければならない。

3. 発展編

(1) カヌー綱引き

　本プログラムは、カナディアンカヌーを用いての綱引きで、互いのカヌーの後端部を10mほどのロープで結び、引き合う（写真7-9）。

　綱引きは互いに引張り合っているため、通常漕いでいるときよりも負荷がか

かる。そのため、手や腕だけの筋に頼らずに体幹の筋を自然に使うようになる。

(2) カヌーで鬼ごっこ

本プログラムは、リーダーが鬼となりダブルカヤックで逃げる。それをカナディアンカヌーで追いかける（写真7-10）。このプログラムは、子どもたちの能力・体力に合わせてリーダーが逃げる。目標物が固定されるのではなく、一定の距離を保って逃げることで、メンバーのモチベーションを高める。また、鬼を夢中になって追いかけている間にカヌーを長時間漕ぐことになる。

3回の実践を通じて知的障害者を対象としたカヌープログラムでは、以下の点を考慮することで有効なものとなった。

① カヌーの不安定さやあるいは負荷をコントロールすることで、安定さや安全性の確保が可能となる。
② 道具の工夫をすることで安定さや安全性の確保が可能になる。
③ 安全対策として、中止条件を整理すること、ライフジャケットの着用、

写真7-9　カヌー綱引き

写真7-10　カヌーで鬼ごっこ

リーダーの配置が重要。
④　遊びの要素を取り入れることで楽しく、飽きないプログラムとなる。
⑤　カヌーの技術要素を細分化することで、各要素に適したゲームの配置が可能なことが抽出される。

このように、カヌープログラムは知的障害児に対しても工夫次第で充分対応できる。

第2節　海賊対決をストーリーにしたカヌープログラム

本プログラムの実践場所は本栖湖（山梨）であり、用いたカヌーは、持ち運びに便利な空気を入れるタイプ（ダッキー）であった。このカヌープログラムで最重視した点は、子どもたちの内的動機をいかに高くすることができるかであった。そこで、プログラムの全体構成をSeed艦隊（善）と本栖湖海賊（悪）の対決をストーリーにして、感覚統合の要素を組み入れた。プログラムの最初は、

写真7-11　S字型フック

顔料マジックで顔へのペイントとビニール袋にて服をつくり、ヒーローに変身させておいた。プログラムの内容は大きく①ダッキーを返せ、②修行、③決戦に分け、以下のように実践した。

1. ダッキーを返せ

このプログラムは、Seed船（ダッキー）が本栖湖海賊に盗まれたと想定し、ダッキーにフックを引っかけて取り返すというプログラムである。フックはS字型の金具にスズランテープを巻いたものを用いた（写真7-11）。課題は、陸から1m程度離れたところのダッキーにフックを投げる、引っかける、ひもを引張り手繰り寄せる動作であった（写真7-12）。

2. 修行

このプログラムは、各種のパドルをゲームで選択し、実際に漕ぐというもの

写真7-12　ひもを手繰り寄せる

である。子どもたちはプログラムの前にくじ引きをし（写真7-13）、くじの中に書いてあるパドル（本物、風呂のかきまわす棒、ホッケーのスティック）の絵と実物を組み合わせて選ばせた（写真7-14）。修行は、写真7-15のように選んだパドルを使ってリーダーとともに実際に漕ぐ練習をするというものであった。

3. 決戦

　決戦プログラムは、海賊船に絵を描いた旗を貼っておき、旗をダッキーに乗って取りに行くというものである（写真7-16、写真7-17）。旗には子どもが好きなアニメのキャラクターをつけておき、子どもたちの捕ろうとする動機を高めた。

第3節　カヌープログラムの安全対策と留意点

　カヌープログラムは、天候（風・気温）の影響を受けやすい。また、不安定

写真7-13　くじ引きをして絵をもらう

写真7-14　絵に描かれている実物のパドルを選ぶ

写真7-15　パドルを水の中に入れ漕いでみる

写真7-16　海賊船

写真7-17 旗を捕りに行く

な遊具であり、技術的能力や体力等の差によって危険度が異なる。以下、カヌープログラムの安全対策と留意点について示しておく。

① 日射病・熱射病・脱水症などへの対応（水分補給・休憩場所）。
② ライフジャケット・レスキューボート・ロープなどの装備、使用法、配置場所の確認。
③ シャワー・トイレ・休憩場所の点検と確保。
④ 転倒させない、恐怖心を取り除く工夫(スタビライザー)。
⑤ 中止条件の確保（天候・体調を含めて）。

第 8 章　乗馬プログラム

　乗馬を使った療法は幅広く、脳性麻痺者、情緒障害者、知的障害者らに対して行われている。馬は大きく、乗ったことのない者にとっては恐怖感さえ抱く。しかし、トレーニングされている馬は従順であり、ある一定範囲の条件をはずれない限り決められた行動をとる。だが、対象者が怖がっていたり、曖昧な指示であったりすると、威嚇行動や逃避行動をとる。また、馬に初めて乗る者は、あまりの高さや日常運動にない動きに筋の緊張を感じる。したがって、馬の動きと自分の動きが合わないために、馬の方もそうした行動を察知する。こうした一連の行動は、健常者であっても障害者であっても同様であり、一定の決められた方法に従うことによって、馬は差別なく従順に動く。すなわち、大きさ・高さに対する恐怖心を越えていくステップ、決められた指示・動作ができることにより、馬が自分の思うとおりに動いていく。本章では知的障害児を対象とした乗馬プログラムの実践について紹介する。

第 1 節　馬との触れ合い体験プログラム

　本プログラムの内容は図8-1に示したように、馬に近づくことから始め、徐々に馬に馴れさせることが主たる目的となっている。
　乗馬プログラムの注意事項は以下 3 点であり、服装は手袋、長靴、長ズボンとヘルメットを用いた。
　① 馬の近くでは大きな声を出さない。
　② 馬の後ろにはまわらない。踏まれないように注意する。

> ①馬に近づく
> ②馬に触れる
> ③乗馬（馬に乗る）
> ④【馬上にて】愛撫……馬の耳を軽く叩く、撫でる
> ⑤下馬（馬から降りる）
> ⑥手入れ体験……馬をブラッシングする
> ⑦厩舎……馬房（馬の部屋）を見学する
> ⑧馬にエサをあげる

図8-1　乗馬体験の内容

③　急に走ったり、馬が驚くような行動をとらない。

1. 馬に近づく、馬に触る

　馬に近寄るときは絶えず馬の目や耳に注意し、ためらわず近寄る。人が恐がっていると、かえって馬に不安を与えてしまう。馬房内にいるときは、「オーラ」「オーラ」と声をかけ、静かに馬の左側より近寄り、頸や背をたたいたり、さすったりする。馬が馬繋柱につながれているときは、馬の前方1mで馬の顔を見つめ、馬が耳を人の方に向け目も落ち着いたとき、頸をなで左肩側より近寄る。馬を恐がる子どもは、最初にポニーのような小さな馬で慣らし、徐々に大きな馬へ近づけるようにした。

2. 乗馬・下馬

　乗馬の手順は、①右手に持った手綱を手の中で滑らすようにし、馬の口からぴんと張り、左手で頸の付根の所で馬のたてがみと一緒に握る（この手順は乗馬クラブのスタッフに依頼した）。②体を少し右へねじり、左足を鐙にかける。③後橋にかけた右手、たてがみをつかんだ左手の引き、そして、右足の蹴りで、鐙の上に立つ。④両手で体を支えながら少し体を前の方へ倒し、右手を前橋に移す。⑤支えている前橋上の右手を中心にし、体を左側に回転させながら右足を後方へ上げて座る。⑥左手を頸・たてがみから離して手綱を分けて持ち、最

写真8-1　馬上にて愛撫

後に右側の鐙をはく。

　下馬の方法は、右手で前橋に体重をかけながら、右足を尻から越えて左足にそろえて、乗馬の最初の姿勢に戻す。

　一般的には、台を用いて乗り降りするが、今回は、これらの基本にのっとって実施し、最小限の支援に徹した。

3. 馬上にて愛撫

　この動作は、馬に乗った状態で馬の首を軽く叩く、撫でるといったものである（写真8-1）。馬上で体を前に乗り出すといった動作は不安定となり、恐怖心も高くなるため、周回ごとに馬を止め、チャレンジさせた。

4. 世話体験

　馬とのコミュニケーションは、ブラッシング（写真8-2）、エサあげ（写真8-3）

写真8-2　ブラッシング

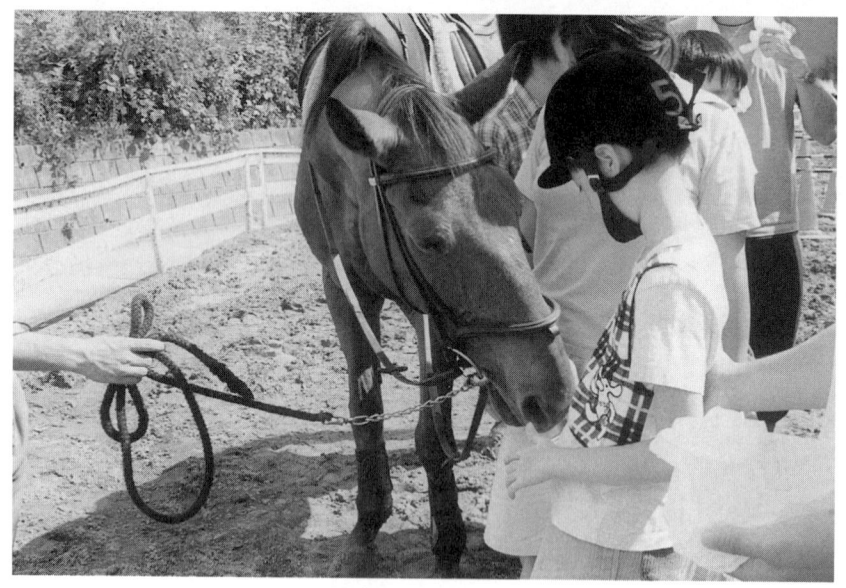

写真8-3　エサあげ

第 8 章　乗馬プログラム　137

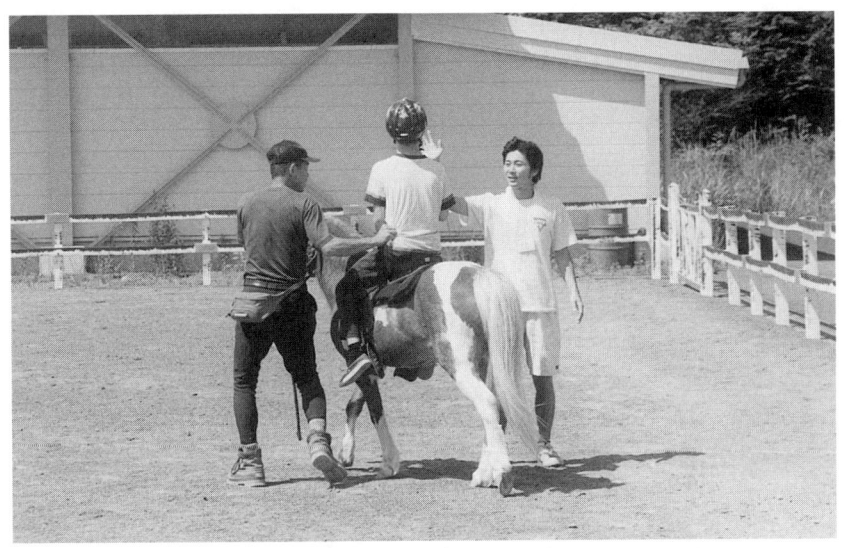

写真8-4　リーダーにタッチ

を行った。また、恐がる子どもに対してはリーダーが実際に手本を見せ、安全だということを確認させながら実施した。

第 2 節　モンゴルをテーマにした乗馬キャンプ

　本キャンプではモンゴルをテーマに、モンゴル式住居『パオ』に宿泊し、食事内容もジンギスカン鍋をつくった。同時にプログラム内容は、モンゴル騎馬民族の伝統的要素を意識し、乗馬・弓・ヤリなどをテーマに作成した。

1. 乗馬

　馬は、子どもの身長や体格に合わせてサラブレッドかポニーかを選択した。プログラムは20m×30m、合計約100mの距離内の四つのコーナーでそれぞれ課題をセットした。

（1）リーダーにタッチ（写真8-4）

この課題は子どもが馬に乗りながらリーダーにタッチをするものである。タッチする距離は子どもに合わせて行った。片手を離すことは恐怖心がとれ、安定した姿勢でバランスがとれていることを示す。

(2) ボールを受け取る

この課題は、リーダーからボールを受け取るというものである。能力に応じ、直接手と手で渡す方法と投げたボールを馬に乗りながらキャッチする方法とに分けて実施した。

(3) ボール投げ

この課題は、準備しておいたゴール（フラフープとビニール袋でつくったもの）に、(2)でもらったボールをシュートするものである（写真8-5）。馬は投げるという行為を恐がるため、距離を近づけるようにした。

2. モンゴルの遊びをテーマにしたプログラム

このプログラムはモンゴルの遊びをテーマにして実施した。

写真8-5　ボールを投げる

第 8 章　乗馬プログラム　139

写真8-6　弓矢で的当て

(1) 弓矢

写真8-6は、木に吊るしたフラフープを的とし、弓矢で射るゲームである。矢には安全のため、先にガムテープを巻いた。能力差は、弓を射る距離でコントロールした。

(2) ヤリ

写真8-7はリーダー（馬に見たてている）が子どもを背負い、ヤリを持った子どもが置いてある獲物を拾うというゲームである。獲物にはヤリを引っかけられるようになっている。獲物はキャラクターの絵が描いており、色や名称を指示して行った。

(3) ギャロップ

写真8-8は、フラフープを並べ、その上を子どもがギャロップで進む遊びである。ギャロップは、馬のように四つん這いになり、両手・両足を同時に、そして手・足を交互に使うステップのことである。まずはリーダーが手本を見せ、

写真8-7　ヤリ

写真8-8　ギャロップステップ

写真8-9　スポーツラリー形式のパズルゲーム（カード）

子どもたちにマネをさせた。

第3節　馬をテーマにしたパズルゲーム

1. スポーツラリー形式のパズルゲーム

　このゲームは、子どもたちに馬の絵を描いたカード（首にかけられるようにしたもの）を最初に渡しておく。馬の絵は首、胴体、足の三つのパーツに分け、ある課題が達成できると各パーツの部分を貼っていくようになっている（写真8-9）。課題はスポーツラリー形式でフリスビー投げ、輪投げ、風船割とした。

　(1)　フリスビー投げ（写真8-10）

　このゲームは赤・青・黄色のフラフープを高さや距離を変えて吊るしておく。子どもたちは能力に応じて、投げる位置を変え、指定されたフラフープに

写真8-10　フリスビー投げ

フリスビーを投げ入れる。

(2) 輪投げ

輪投げのポールは赤・青・黄色でつくっておく。子どもたちは五つの輪を指定された色のポールに入れる。距離に変化を持たせ、難度によって得点制にしてもよい。

(3) 風船割り

このゲームはイスを用意しておき、リーダーが風船をイスに固定し、子どもが尻で割る。風船に糸をつけておき、リーダーが動かしている風船を足で割ってもよい。

2. マッチングゲーム

パズルゲームは、馬を主に特徴のある動物のカードを半分に切り、動物の頭と尻とを合わせる課題である。また、同じ動物であるが大きさが異なるものを

第 8 章　乗馬プログラム　143

写真8-11　マッチングゲーム（ロープまたぎ）

合わせる課題、動物の特徴を示す絵・文字・鳴き声の情報からパズルを合わせる課題もある。これらのマッチングゲームは、同時にロープの上を歩く、ロープをまたぐ、ケンケンパといった運動課題も課している（写真8-11）。

(1)　頭と尻の絵を合わせるパズル（写真8-12）

　この課題は複数のカードから一つの動物の頭側半分、尻側半分を選ばせると同時に、運動課題ではロープの上を歩くというものである。最初に完成した動物（馬・牛・ブタなど）のカードを見せておく。エリア1は各動物の頭側だけを描いたカードがあり、その中から完成カードと同じものを選択させる。エリア2は同様に尻側を選択させる。エリア1と2の間はロープを伸ばしておき、子どもたちは、そのロープの上を落ちないように歩く。

(2)　大きさの異なる頭と尻の絵を合わせるパズル（写真8-13）

　この課題は、半分になっている動物カードに対して、もう一方のカードは同様の動物であるが大きさが異なる絵を合わせる。つまり、大きさが異なってい

写真8-12　動物の頭と尻を合わせる

写真8-13　同じ動物の絵だが大きさが異なる

写真8-14　名称・特徴の情報からパズルをマッチングさせる

ても同一の動物と認識できるようにさせるものである。運動課題は30cmの高さにロープを張っておき、またぐというものである。最初にエリア1で子どもたちに好きな動物の頭のカードを選択させ、ロープをまたぎながらエリア2に移動し、縮小あるいは拡大されている同様の動物のカードを見つけさせる。

(3) 動物の特徴を記したカードから、頭と尻の絵を合わせるパズル

このパズルは最初に各動物の特徴を示し、1と2の課題を組み合わせたものである。象であれば長い鼻、キリンであれば長い首、馬であればにんじんが好きな動物といったように、特徴のある絵と文字が描いてあるカードを示し、1、2の課題を加えた。運動課題はフラフープを置いておき、ケンケンパを課した。

(4) 動物の鳴き声、動物の名称からのパズル合わせ（写真8-14）

文字で鳴き声が書いてあるカードは、リーダーによって実際に鳴き声を出してもらう。名称はひらがなで書いておき、1、2の課題を加えていく。応用としては文字をカタカナ、漢字にして行うとよい。

第9章　アスレチックスを利用してのプログラム

第1節　忍者修行プログラム

　本プログラムは、忍者修行をストーリーとして、海・山に隣接しているキャンプ場内の地形、公園に常設されているアスレチックスの特性を生かしたものである。忍者修行は身体活動、日常生活スキルのトレーニングに適している。

　プログラムはキャンプ場周辺に図9-1のように①～⑤までのチェックポイントをつくり、ポイントハイクの形式で行った。

1. 葉っぱで忍者服づくり（チェックポイント①）

　忍者服づくりは、ビニール袋を顔や手が出るように切り、そのビニール袋に葉っぱを貼りつけた（写真9-1）。なお、葉っぱはスター

```
スタート
  ↓
チェックポイント①
「葉っぱで忍者服づくり」

  葉っぱを集める
  ↓
チェックポイント②
「長風船で剣づくり」　→※終わった人に水風船を渡す

チェックポイント③
「剣で缶を叩く」
  ↓
チェックポイント④     「忍法橋渡りの術」
「忍者の砦」          「忍法しり滑りの術」
                    「忍法レンガ山登りの術」
                    「忍法高飛びの術」

                    ※終わった人に水風船を渡す
  ↓
⑤決戦
```

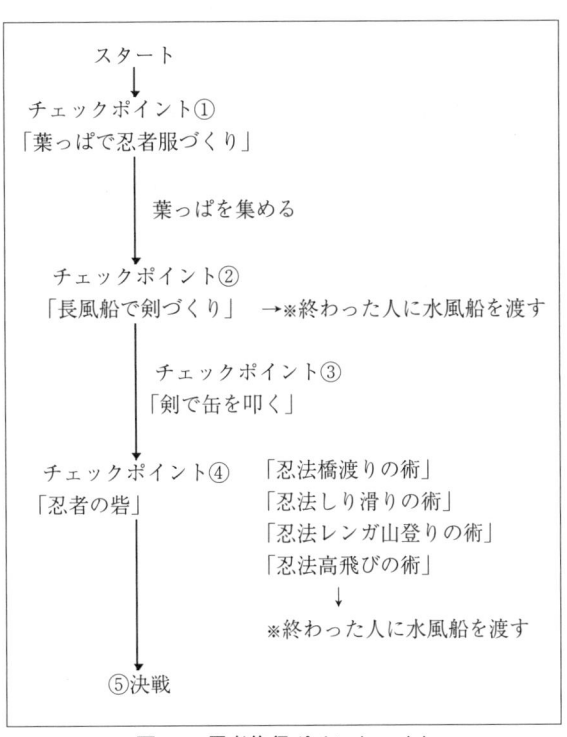

図9-1　忍者修行ポイントハイク

ト地点からチェックポイント①までの途中で拾い集めた。課題は「葉っぱを集める」「葉っぱをビニール袋に貼る」であった。

2. 長風船で剣づくり（チェックポイント②）

ポイント②のプログラムは、忍者の武器づくりであった。剣づくりは長風船を膨らまし、子どもたちが好きに結ぶようにした（写真9-2）。課題は「風船を膨らます」「風船を結ぶ」であった。また、長風船をつくり終わった子

写真9-1　ビニール袋に葉っぱを貼る

写真9-2　長風船で剣をつくる

写真9-3 剣で缶叩き

どもから、決戦に備えてあらかじめ折り紙でつくっておいた手裏剣を渡した。

3. 剣で缶を叩く（チェックポイント③）

　このプログラムは、チェックポイント②からチェックポイント④まで歩いている途中に缶を吊るしておき、叩かせた（写真9-3）。缶の高さは変化させ、ジャンプをしなければ届かないものから低いものまで用意した。課題は、高さが異なり、揺れている対象物を剣で叩くコントロールである。

4. 忍者のとりで（チェックポイント④）

　ここは多種のアスレチックが常設されている場所であり、その中の四つのアスレチックを「忍法〜の術」という修行に見立てて行った。また、この四つのプログラムが終わった子どもから決戦のときに備えて水風船（ヨーヨーの中に水を入れたもの）を渡した。

(1) 忍法橋渡りの術

このプログラムは、高いところで高さ3mの場所に直径20cmの鉄パイプが約50m連なっており、それをバランスをとりながら渡るものである（写真9-4）。鉄パイプには滑り止めが施され、手すりを設置、50cm下には網も張ってある。1人では渡れない子どもはリーダーと手をつないで渡るようにした。橋渡りができない子どもは下の網を渡るようにした。

(2) 忍法しり滑りの術

このプログラムは、ローラーのついた長さ30m程度ある滑り台を滑り降りる課題であった（写真9-5）。速度コントロールは各自の足で調節させた。

(3) 忍法レンガ山登りの術

このプログラムは、高さ約5mの急斜面の板を、ロープを使って登るというものであった。この課題は個人差が大きいため、チャレンジは各自に選択させた。

写真9-4　橋渡りの術

写真9-5　しり滑りの術

(4) 忍法高跳びの術

　これは、大きな網のハンモックのようなものが蜘蛛の巣のように張ってあって、乗ると沈んだり揺れたりする。

5. 決戦

　決戦は広場で、メンバーの来た順番で行った。待ち伏せていた2人のフリーリーダーと、前のプログラムでもらった武器を使って戦い（写真9-6）、旗を捕ったら勝ちである。

第2節　親と子どもの野外プログラム

　Seedの野外プログラムは、子どもたちの身体活動を主として行ってきたが、同様に親に対してのレスパイト要素を含んでいた。したがって、親子のプログ

写真9-6 剣で戦う

ラムで企画すると、その参加率は顕著に低くなる。本プログラムは、親子で参加するものであるが、親に対しては子どもと別に身体活動・創作活動のプログラムを提供する参加型のレスパイトを試みた。一方、子どもたちのプログラムは、これまで同一の課題に対し能力差への対応を工夫してきたが、本プログラムでは高学年と低学年で別の課題をセットし、さらに身体活動と創造的活動に分けて実施した。親や高学年のプログラムは、フィールド内に常設してあるアスレチックコースに工夫を加えて実施した。以下、プログラム内容について紹介する。

1. 親を対象としたプログラム

午前中のプログラムは、身体活動を伴うものとしてスポーツラリー、午後は創作活動として水彩画による写生を実施した。スポーツラリーは3グループに分け6種目（ターゲットフリスビー、ハンガースロー、ピンポンキャッチ、20

第9章　アスレチックスを利用してのプログラム　153

の塔、歩いてドン！　長縄跳び）を得点で競うものとした（図9-2,図9-3）。各種内容の詳細は以下に示したとおりである。

(1)　ターゲットフリスビー（写真9-7）

　ターゲットフリスビーは、6本のフラフープをロープで空中に吊るし、フリスビーを投げて、フリスビーがいくつのフラフープを通過したかを競うものである。今回はフラフープの配置がまっすぐであるが、曲線に配置したり、交互に少しずつずらすことで困難さを調節することが可能である。

写真9-7　ターゲットフリスビー

(2)　ハンガースロー（写真9-8）

　針金でできているハンガーは、フックにかける部分と服をかける部分が平面になっている。そこでフックにかける部分をひねり、投げたとき、網などに引っかかりやすいようにしておく。このアクティビティでは、目標となる網にハンガー3本を投げ、いくつ引っかかるかをを競うものである。困難さを調節する方法としてはフックにかかる部分の曲げ具合、網との距離を変えることで可能となる。

Seed親プロ
スポーツラリー得点表

グループ名（　　　　　　）
グループ員（　　　　、　　　　、　　　　、　　　　）

CHECK POINT① ターゲットフリスビー
＊1人3投、一投げでフラフープをいくつ通過したか？**最高通過枚数**を記入して下さい。

グループ員	(　)	(　)	(　)	(　)	(　)	
通過枚数	枚	枚	枚	枚	枚	合計得点
得点	点	点	点	点	点	点

（得点）1枚:5点　2枚:10点　3枚:15点　4枚:20点　5枚:30点　6枚:50点

CHECK POINT② ハンガースロー
＊1人3投、ハンガーがいくつ網に引っかかったか？引っかかった**個数**を記入して下さい。
＊ハンガーはどんな形に曲げても構いません。

グループ員	(　)	(　)	(　)	(　)	(　)	
引っかかった数	個	個	個	個	個	合計得点
得点	点	点	点	点	点	点

（得点）1個:10点　2個:30点　3個:50点

CHECK POINT③ ピンポンキャッチ〜いちかばちか〜
＊1人1回キャッチ、アスレチックの上から代表者がピンポン玉を落とし**専用BOX**でキャッチ！
＊1回バウンドして落ちたら×。○or×を書いて下さい。

グループ員	(　)	(　)	(　)	(　)	(　)	
○or×						合計得点
得点	点	点	点	点	点	点

（得点）○:50点　×:0点

CHECK POINT④ 二重(20)の塔
＊1人1回チャレンジ、空き缶を何段積み上げられるか？
＊風などで倒れても×。勝負は時の運！

グループ員	(　)	(　)	(　)	(　)	(　)	
何段						合計得点
得点	点	点	点	点	点	点

（得点）1〜5段:5点　6〜10段:15点　11〜13段:25点　14〜16段:40点　17〜19段:60点　20段:200点

図9-2　スポーツラリー得点表①

CHECK POINT⑤ 歩いてドン！
＊1人1回チャレンジ、くじ引きで出た回数を**万歩計を付けてもも上げ！**
＊くじ引きで引いた**数に近いほど高得点！**

グループ員	(　　)	(　　)	(　　)	(　　)	(　　)	合計得点
歩						
得点	点	点	点	点	点	点

(得点)±20歩以上：0点　±15歩以内：5点　±10歩以内：15点　±5歩以内：20点　±3歩以内：30点
　　　±1歩以内：50点　ぴったり：80点

CHECK POINT⑥ 大なわ跳び
＊**グループ全員**でチャレンジ！2回のチャンス

	1回目	2回目	合計得点
回数			
得点			点

(得点)回数×3

おまけPOINT
＊スポーツラリー終了後に発表します。

得点	点

スポーツラリー総合得点	点

スポーツラリー	＋	グリーンアドベンチャー	＝	総合得点	順位
点		点		点	位

今日は本気で遊びましょう。チームワークが勝利の決め手！

図9-3　スポーツラリー得点表②

写真9-8　ハンガースロー　　　　　　写真9-9　ピンポンキャッチ

(3) ピンポンキャッチ（写真9-9）

　ピンポンキャッチは2人1組で行い、1人はピンポン玉を持って高いところから落とす。パートナーは下でゴミ箱（鉄製、何でもよいがはずむものがよい）を持ちバウンドして外に出ないようにキャッチする。困難さの調節は高さを変えたり、玉を落とす人とキャッチする人が立っている位置の距離を変え、落とすのではなく前方に投げてキャッチするようにすることで可能となる。

(4) 20の塔(写真9-10)

　このアクティビティは1人1回行い、空き缶を何段積み上げられるかを競うものである。今回は一定の大きさ・形のアルミ缶を用いているが、小さい缶や大きい缶を用いてもよい。

(5) 歩いてドン！（写真9-11）

　対象者には、あらかじめ万歩計を装着してもらう。くじ引きにより規定の回

第9章 アスレチックスを利用してのプログラム 157

写真9-10 20の塔

写真9-11 歩いてドン！

数をその場でももを高くあげて歩いてもらい、くじ引きで引いた数に近いほど高得点が得られるというものである（本来、万歩計は正確ではなければならないが、意外に誤差がある）。

(6) 大縄跳び

大縄跳びはグループ全員で2回行い、跳べた回数に3を乗じて得点化するものである。

本プログラムは、一週1,000mのランニングコースと自然散策路のフィールドを用い、ウォーキングやストレッチを主として組み立て、運動不足、ストレスの解消を目的に実施した。しかしながら、単に歩くといった運動プログラムだけでは保護者間の交流ができないため、グループ別としスポーツ的要素を加えた。スポーツ的要素は、個人の基礎体力や運動能力に左右されないように構成し、できるだけ遊びに近く、しかも非日常な要素を加えるよう考慮した。こうしたプログラムは障害児・者においても充分応用できるプログラムである。

2. 子どもを対象としたプログラム

子どもに対するプログラムは年齢差・能力差を考慮し、午前中は身体活動、午後は創作活動とし、高学年と低学年で別々のプログラムを実施した。

(1) 低学年の身体活動と創作活動

1) 泥遊び（写真9-12）

泥遊びは、本来ならば田んぼのような場所で実施するのが好ましいが、現代ではなかなか難しい。また、公共の公園で行うのも実際には困難である。本プログラムでは、ブルーシートの上に土を盛り水を混ぜるという人工的な条件で実施した。対象児の中には手や服が汚れることに対して嫌がる者もいるが、汚れてもかまわない条件設定をし、リーダーも一緒に入ることで徐々に導くことができる。このプログラムでねらっている感覚刺激は、手・足・体に対するぬるぬるする泥の触刺激である。本来の田んぼであれば、その歩きにくさから固

第9章 アスレチックスを利用してのプログラム 159

写真9-12 泥遊び

有感覚刺激も同時に期待できるプログラムである。

2) シャボン玉遊び（写真9-13）

市販のシャボン玉遊びの道具でもよいが、今回はストローのみならずハンガーなどいろいろな道具を用意して遊ばせた。したがって、洗剤の入れものは各種道具の大きさに対応できるようプラスチック製の衣装ケースを用いた。子どもたちの多くはシャボン玉づくりよりもシャボン液のぬめりに興味を示し、腕や足につけたり、中に入ってしまう子も見ら

写真9-13 シャボン玉遊び

れた。さらにカラーボールを入れることで、より高い興味を示した。感覚刺激は触刺激である。対象児の中には手にしたものを口に入れる習慣がある者もいることから、洗剤は天然素材のものを用いると同時に、口に入れないよう留意する必要がある。

3) 手形

創作活動は各色の絵の具を大きなパレットに出しおき、好きな色を手につけて、あらかじめ用意しておいたカードに手形を押させた。色の好みや混ぜ方は自由にさせた。このカードでは手形をとるべき場所（手の形を描いておいた）を指定する方法だったが、多くの子どもは決められた場所に押せず、好きな場所や自分の太もも、担当リーダーの背中などにつけていた。子どもにとってキャンパスは白い紙だけでなく、ボディペインティングなどあらゆるものでもよいのかもしれない。

(2) 高学年の身体活動と創作活動

1) アスレチック（写真9-14）

身体活動はフィールド内に常設してある20ヵ所のアスレチックコースに沿って実施した。各アスレチックは難易度が異なるため、担当リーダーの判断が重要と

写真9-14 アスレチック

なる。
　①　集団で行う場合、危険なポジションで後が詰まってしまわないよう、送り出す時間の調整が必要。
　②　子どもの能力に応じて、どこで中断させるか、あるいは次へスキップさせるかの判断が必要。
　③　チャレンジしたいという気持ちにさせると同時に、安全配慮のため気持ちを尊重しつつやめさせ、次の課題へどう移動させるかのコントロールが必要。
　④　補助は最小限にとどめつつ、どこまで手を貸すか。
　⑤　補助の方法、人的配置などの見極めが必要となる。

　アスレチックコースで問題となる点はメンテナンスが十分でないことが多く、安全に対する配慮が少ない点にある。場合によってはワイヤー、安全ベルト、ヘルメットなどの補助具が必要であり、補助法など健常児を対象とする場合でも講習会が必要であろう。

　今回、高学年のプログラムを実施して、十分感覚統合トレーニングの意図する目的は確保できたが、やはり上記の問題点については検討を必要とした。

　2）　貼り絵

　創作活動の課題は貼り絵とした。貼り絵は各色の折り紙をパンチで穴をあけた小さな丸い紙を用意しておき、あらかじめ枠取りだけ描いておいた絵に好きな色をノリで貼らせた。このプログラムの作業工程には、
　①　好みの色を見つける。
　②　小さな型抜きの丸い紙をつまみ上げる。
　③　ノリをつける。
　④　決められた枠の中にはみ出さないように貼る。
　⑤　貼っていくべき形の全体を見て配色を考える。

など多くの能力が要求される。目と手の協応、微細な手の運動、空間の認知と

いったこれらの要素は感覚統合では重要であるが、身体運動だけではまかなえないものである。

　本プログラムにおける課題遂行の様子を見ると、個人差（能力差、興味の差）が大きく、高学年・低学年といったくくりでは困難であった。

第10章　気球、自転車、アミューズメントパークでのプログラム

第1節　気球プログラム

　気球は、熱をバルーンの中に留めて上昇し、上空の気流を利用して移動していくものである。これらの飛行技術は熟練を要するが、ロープで一定の高さまで上昇する体験であれば、誰でも可能である。バルーンの想像以上の大きさ、高温のガスバーナーの音や熱の感じについても同様である。したがって、感覚刺激としては音（聴覚）、熱（皮膚感覚）、上昇していくときの垂直加速、視覚などである。これらの感覚刺激は非日常的であり、感覚統合の視点から気球体験を実施した（写真10-1）

写真10-1　気球体験

1. 条件設定

気球を上昇させるためには、外気温が低い方がよい。したがって夏季の場合、早朝で天候が晴れという条件が必要となる。そのため、食事の時間帯や午前・午後のプログラムを前もって整えておく。気球を上げる場所は、一定の広さを要するため（ロープを留める、バルーンを広げるなど）、公共の広場であれば事前に関係機関に報告し、許可が必要となる。

2. プログラム

気球には、1人のパイロットとリーダー、メンバー3組を1セットとした。パニックにそなえ安全ベルトをカゴに止めた。高さは40mとし、上空では約5分間の静止条件でセットした。

第2節 自転車プログラム

自転車に乗って走るという運動は、バランスを保つこととペダルをこぐ（駆動運動）という二つの要素が必要となる。子どもが自転車に乗れるようになるには、三輪車、補助輪をつけた二輪、そして徐々に補助輪をはずしていくという過程を取るケースが多い。本プログラムは、自転車に乗れない子どもであれば動機づけであったり、駆動運動のみを抽出した運動要素の体験である。一方、自転車に乗れる者にとっては、あらゆるタイプの自転車に乗せることであった。プログラムの実施場所はサイクルスポーツセンター（静岡県修善寺）である。

1. おもしろ自転車体験

ほとんどの自転車は三輪・四輪で安定性があり、恐怖心はない。ただし、普通の自転車と異なって、ペダルやチェーンがないものや写真10-2のように両脚でジャンプするようにして進むものなどがあり、多様な運動体験が可能であった。

写真10-2　ペダルのない自転車

2. 自転車駆動運動による乗り物

　このいろいろなタイプの自転車とは、ペダルを踏んで地上16mの空中を走るスカイコリドール、地上4mのサイクルモノレール（写真10-3）、サイクル電車、水上での水上自転車などである。これらの運動は、ほとんどのアミューズメントパークにあるような他動運動ではなく自動運動である。また、バランス能力の差に左右されない運動であることから、全員が参加できる体験であった。

　以上のプログラムは自転車に乗れない者であっても充分可能なものであったが、能力の高い子どもに対してはヘルメットを着用させ、専用ロードにてサイクリングをさせた。

第3節　アミューズメントパークの乗り物を使ったプログラム

　近年、遊園地やアミューズメントパークは集客の目玉として、ジェットコー

写真10-3　サイクルモノレール

スターをはじめとする強い加速を伴うアトラクションを配置している。高速での落下・上昇、カーブでの外力の感覚は、車や電車、エレベーターなどで体験しているが、これらのアトラクションの重力加速は非日常的である。これらの感覚刺激は、回転・水平加速度を受容する前庭覚や、筋・関節に加わる力を受容する固定感覚に強い刺激として入力される。感覚統合の視点でこれらのアトラクションを見ると、日常生活や遊びの中で発生させることができない貴重な刺激でもあるが、負荷のコントロールができないという問題点もある。したがって、不慣れな者が体験したりすると、外力に抗して身体を一定に保つために手足に強い力が入り、耳鳴り・吐き気・めまいなどを起こすこともある。本来ならば、難易度の低い乗り物から少しずつ高いものへと段階を経て体験させるべきであるが、中間的なアトラクションはあまりないのが現状である。一方、主催者サイドはこうしたより強い刺激のアトラクションに加え、種類も多様化させ、障害児・者への対応も少しずつ変化している。たとえば、入場料金の割

引、順番の優先、車椅子対応のスロープ、トイレなどに加え、各アトラクションは障害別に乗れる・乗れない、介護者同伴なら可というように、あらかじめ提示してあるパンフレットが用意されている（アクセシブルノート）。だが、その基準は比較的理解しにくい点が多々ある。とくに知的障害者・自閉症といった障害についてはその幅が広く、軽度のケースでは介助者も判断に躊躇する。

以下、アミューズメントパークにおける遊具を使った感覚統合トレーニングの展開例について紹介する。

1. アクセシブルノート

アクセシブルノートとは車椅子を使用している者、知的障害、視覚障害、聴覚障害などの障害をもった者が、アミューズメントにおいての参加可能か不可能か、もしくは介護者が必要か不必要かなどといったものをあらわした表である（図10-1）。キャンプ前のミーティングなどでも、このアクセシブルノートを参考にしてプログラムを構成していったが、このアクセシブルノートはあくまでも参考であり、実際は可能とされているものが可能でなかったり、不可能とされているものが可能であったりする。ボブスレー（写真10-4）は、感覚統合にとって有効な種目で、知的障害を有する者は要支援者となっているが、ヘルメットを嫌がりできなかったというケースが多々あった。また、アクセシブルノートでは知的障害者が参加不可能とされているリリパットサーカス（ロープスライダー）でも、障害の程度、運動能力などにより参加可能な子どもがいた（写真10-5）。このように、知的障害者だからといって必ずしも参加できないということはない。危険認知のできていない、危険な行為をする可能性のある子どもについては、マンツーマン体制でついているリーダーが常に目を離さず手を出せるようにしておけば、子どもの可能性を広げることができる。

このようにアクセシブルノートはあくまでも参考であって、どれだけリーダーが子どもの能力を理解し、その子に合った対応ができるかといったことが重

アクセシブルノート

各アトラクションアクセシブル状況

アトラクション名	車椅子	聴覚障害	視覚障害	知的障害	備考
ガリバー劇場	◎	○	△	△	車椅子専用席1。他最前列10〜15席
3Dサウンドアトラクション	◎	×	◎	△	暗闇で立体音響。大型車椅子制限有
クリスタルファンタジー	△	○	△	△	大型車椅子制限有
ふれあい牧場	◎	◎	○	○	車椅子入口より退出。急斜面有
3Dシアター/ミニチュアサーカス	◎	◎	×	△	展示につき視覚自己判断願う
ストランド鉄道	△	△	△	△	途中の乗車に難
ジャンボスライダー	×	×	×	×	ぶつかりあい危険
クラッタートレイン	○	○	△	△	乗り換え要す。年齢制限有
バッテリーカー	×	△	×	△	年齢制限有
カーニバルゲーム	◎	◎	×	△	機種により自己判断願う
アーケードゲーム	◎	◎	×	△	機種により自己判断願う
ファンタジーナピア劇場	◎	◎	△	△	全座席可動
ペダルボート	×	◎	△	△	足漕ぎボート
インドアリュージュ	×	◎	×	×	握力必要
ボブスレー	○	◎	△	△	視覚曲がり角指示必要。握力必要
展望台	×	◎	△	○	階段有
リリパットサーカス	×	◎	×	×	ゴール確認して姿勢制御必要
レトロバス	○	◎	○	○	乗車・降車時補助必要

▭→このマークは、入園券にてご利用頂けます。

車椅子の場合	◎：介護不要	○：乗換時介護	△：常時介護	×：利用困難
聴覚障害の場合	◎：介護不要	○：利用可能	△：常時介護	×：利用困難
視覚障害の場合	◎：介護不要	○：軽度介護	△：常時介護	×：利用困難
知的障害の場合	◎：介護不要	○：軽度介護	△：常時介護	×：利用困難

図10-1　アクセシブルノート

要になってくる。

2. アミューズメントパークにおける遊具での感覚統合トレーニング

　アミューズメントパークごとに各乗り物の概要を示したパンフレットがある。しかし、前述したような障害者に対する適応記述が入っているものは少ない。ほとんどのものは適用という欄に身長・年齢・保護者同伴程度である。そ

第10章　気球、自転車、アミューズメントパークでのプログラム　169

写真10-4　ボブスレー

写真10-5　リリパットサーカス

表10-1 外乱刺激の種類と程度

乗り物名	摘要	刺激	強度	参加〇	参加態度	備考
ワールドワンチキリ・コースター・ドドンパ	身長130cm〜 10〜54歳	前後・垂直	1・2・3・4・⑤	1・2・3・4・5	
キング・オブ・コースター・フジヤマ	身長120cm〜 10〜54歳	前後・垂直	1・2・3・4・⑤	1・2・3・4・5	
カッタム・ザ・ライド宇宙要塞アトハオー	身長110cm〜	前方・垂直		1・2・3・4・5	
グレート・ザブーン	身長120cm〜 〜59歳	垂直	1・②・3・4・5	1・2・3・4・5	
ソーラ	身長120cm〜	前方・水平・垂直回転	1・②・3・4・5	1・2・3・4・5	
ダブル・ループ	身長120cm〜 〜59歳	前方・水平・垂直回転	1・②・3・4・⑤	1・2・3・4・5	
ロッキー・スライダー	4〜59歳	前方・水平・垂直	1・2・③・4・5	1・2・3・4・5	
マッド・マウス	身長110cm〜	垂直up/down・回旋ハック	1・2・③・4・⑤	1・2・3・4・5	
レッド・タワー	身長130cm〜 〜59歳	垂直	1・2・③・4・⑤	1・2・3・4・5	
ハニック・ロック	身長130cm〜 〜59歳	前後垂直回転	1・2・③・④・5	1・2・3・4・5	
ウェーブ・スインガー	身長110cm〜 小学生〜	回旋	1・②・3・4・5	1・2・3・4・5	
ワイキキ・ウェーブ	身長120cm〜	垂直前後・軸性回旋	1・②・3・④・5	1・2・3・4・5	
ムーンレイカー	身長110cm〜	水平回旋・垂直回旋	1・②・3・4・5	1・2・3・4・5	
海賊	身長110cm〜 〜59歳	回旋・前方・斜め	1・②・3・4・5	1・2・3・4・5	
海賊船バイーツ	身長125cm〜 〜59歳	前後垂直	1・②・3・4・5	1・2・3・4・5	
スキット・レーシング・カート	中学生〜			1・2・3・4・5	
タッセルカー	4歳〜			1・2・3・4・5	
スーパースカイサイクル			1・②・3・4・5	1・2・3・4・5	
ゴーカート（2人乗り）	3歳〜			1・2・3・4・5	
ゴーカート（1人乗り）	小学5年生〜			1・2・3・4・5	
シャイニング・フラワー大観覧車		垂直上下	1・②・3・4・5	1・2・3・4・5	
メリーゴーランド		水平回旋・軸性回旋	1・②・3・4・5	1・2・3・4・5	
ティーカップ		音刺激	1・②・3・4・5	1・2・3・4・5	
水木しげるのゲゲゲの妖怪屋敷	小学生〜59歳			1・2・3・4・5	
トーマスといっしょのわくわくライド			①・②・3・4・5	1・2・3・4・5	
ロックンロール ダンカン	3歳〜		①・②・3・4・5	1・2・3・4・5	
ハッピー・ハロルド			①・②・3・4・5	1・2・3・4・5	
みんなでツイスト			①・②・3・4・5	1・2・3・4・5	
うきうきクルーズ			①・②・3・4・5	1・2・3・4・5	
ぼくだち うんてんしゅ			①・②・3・4・5	1・2・3・4・5	
いこーず らくラクキー			①・②・3・4・5	1・2・3・4・5	

* 強度　1（弱い）2（やや弱い）3（普通）4（やや強い）5（強い）
* 参加態度　1（消極的）2（やや消極的）3（普通）4（やや積極的）5（積極的）

第10章　気球、自転車、アミューズメントパークでのプログラム　171

写真10-6　前方・後方の回転加速

写真10-7　回旋加速

写真10-8　前方・後方の水平加速・垂直加速

　こで、これらのパンフレットにある乗り物ごとに、感覚統合にとってターゲットになる刺激の種類（垂直・水平・回転・回転加速など）とその程度（3段階）を、あらかじめ下見の段階で特別に作成したものが表10-1である。担当リーダーは、この点を見ながら、子どもの能力に応じ選択していけるようにした。たとえば、写真10-6は前方・後方の回転加速、写真10-7は回旋加速、写真10-8は前方・後方の水平および垂直方向への加速が加わっている。

　以上のように、アミューズメントパークの乗り物に対して、アクセシブルノートの要素と感覚統合の要素を考慮していくことで、野外プログラムの一つとして応用できる。

あとがき

　1997年に発足したYMCA福祉スポーツ研究所の実践研究は、高齢者の転倒予防トレーニング、身体障害者のエアロビクスエクササイズ、知的障害者のアクアエクササイズ、知的障害児の感覚統合トレーニングおよび本実践である野外キャンプの開発を行ってきた。基礎研究は、高齢者の姿勢制御のメカニズム、知的障害者の脂肪量・筋量・骨量といった身体組成をベースに加齢、発育発達、性差、体力との相関関係などについて明かにしてきた。高齢者の基礎研究は、転倒予防トレーニングとして一貫した成果を導き出すことができた。しかし、知的障害児・者に関する基礎研究成果と実践研究成果は、いつまでたっても二つの点であり、一つの線として結ぶことができないままである。このテーマは、実に奥深いものであり、だからこそ魅力的なものかもしれない。

　障害を持つ子どもたちに対する社会的環境は、よい方向に変化してきているが、あらゆる面で充分とはいえない。野外キャンプを例にするならば、本人や保護者は、運よくキャンプに参加できたとしても、その内容や方針について選択するまでに至っていない。本来ならば、自分に合った多くの選択肢の中から自分の意志で参加するのが望ましい。そのためには、多くの受け皿ができると同時に、各団体はキャンプの基本コンセプトや特色のある内容を明確に提示できなければならない。今後、本書の内容が障害を持つ子どもたちのキャンプを企画しようとする団体にとって参考になればと願っている。

　本書で示した一つひとつの実践は、マンツーマン体制であったこと、手づくりのプログラムであったことから、実に多くの方の協力が必要であった。また、本プロジェクトは、ボランティアの教育・実践研究としての位置づけに快く賛同してくださった保護者の方々、フィールドを提供してくださった多くの施設、

バックアップ体制を整えてくださった横浜YMCA、YMCA健康福祉専門学校、YMCA福祉スポーツ研究所などの支援のもとに実現できた。

以下、プロジェクトに参加してくださった人たちの名を記してお礼のことばに代えたいと思う。

渋谷公一、相原まゆみ、古賀陽介、宮崎麻衣子、横山佳代子、大川義彦、佐々木英人、瀬戸博之、高木良輔、盛栄治、青木夏海、井上悠、今井れんげ、大山陽平、嶋本哲郎、森明香、中木原梨江、松岡弘士、宮村陽子、吉田英昭、秋枝秀幸、大森浩司、窪田昭博、長浜雄太、北条正、巻治東、吉澤武、石井麻紀子、猪俣麻子、小野雅仁、金子九三重、杉山久美子、鈴木圭美、平井恵美、豊島さくら、児玉有里砂、志方綾野、白倉健人、鈴木孝佳、鈴木麻衣、森谷友理子、小野聡子、村山恵梨子、浅野直美、飯島嘉仁、磯川優子、大貫篤史、小原章、鈴木文乃、長谷川洋一、塙奈々子、滝沢祐一、四辻幸、石黒洋、水上貴博、森航、山下奈津実、下川原恵、竹脇佑、高橋令子、渡辺良子、山形由布子、渋川麻美、鈴木亜貴子、小島裕、高瀬芳則、磯村尚之、飯村博幸、富樫淳、大山茂樹、市川未菜、武田まなみ、牧野聖子、北村友美子、小野玲奈、飯塚一美、石井美奈子、松本道義、大野操志、若松恭子、勝間田葉子、福山葉子、蒲田由紀子、山田恭介、中井遥子、武藤智代美、竹島陽宏、天野英輝、鎌田紀生、山本美紀子、三好徹、大房由起子、岡沢亮太、芹沢貴美、小野純子、関口尚子、渋川麻美、眞田明日香、森山いづみ、河村篤、野上真希、青木智矢、酒井大輔、吉田祐次、松本尚、秋山暁春、石田知子、西野正美、大谷真未、高橋加那子、中野義規、津川将匡、土田梨加、足立絵梨香、今村秋子、秋山友美、折下文、加納潤一、栗原晴美、前沢陽一、篠塚健匡、熊野勇樹、杉浦能明、山田真梨子、大貫哲弥、尾上貴昭、菊池真登、高橋一也、大久保雅之、中村雅人、笠原敬俊、後藤度大、斉藤崇、杉山伸一、千原万由子、植松暁子、北爪千恵理、大木裕子、草柳麻紀、小池扶美、府川幸子、山崎芳美、増水英子、山田愛、佐藤領祐、小島千佳子、石渡由江、久保尚子、松下邦夫、鈴木裕一郎、山室匡崇、高橋ケン

ジ、水流嘉徳、神田小奈美、橘田知久、梶修平、松本光平、加納景子、正木成虎、田村勉、西野正美、石田知子、大谷真未、荒川政次。

乗馬クラブ・クレイン、秦野市くずは青少年野外センター、みのげマス釣りセンター、鴨川青年の家、神奈川県立宮ケ瀬やまなみセンター、清川自然の村、国立妙高少年自然の家、富士市立少年自然の家：丸火キャンプ場、藤沢市青少年施設少年の森、日本ランド、富士山こどもの国、神奈川県立柳島青少年キャンプ場、見晴らし園、山梨県立富士湧水の里水族館、江ノ島水族館、鴨川シーワールド、WILD BRESSE、スパヘルス日金の湯、みたけ園、日向渓谷キャンプ場、海上自衛隊横須賀教育隊施設、富士急ハイランド、向ヶ丘遊園、日本サイクルスポーツセンター、ユネッサン、富山県利賀少年自然の家、本栖湖浩庵キャンプ場、観音崎青少年の村、ガリバー王国、銀河アリーナ、ドリームランド、猪苗代スキー場、国立磐梯青年の家、網元西山、下田市立田牛青少年海の家、大滝温泉天城荘、マザー牧場、千葉県立大房岬少年自然の家。

なお最後になったが、筆者のプロジェクトの意義を理解し、本書が世に出る場を与えてくださった同成社の山脇洋亮氏に、心より感謝の意を表したい。

2003年3月

小野　晃

知的障害児の野外キャンプ

■著者略歴■

小野　晃（おの・あきら）
1960年　神奈川県に生まれる
1984年　東海大学大学院体育学研究科修了
現　在　YMCA福祉スポーツ研究所所長
　　　　YMCA健康福祉専門学校教頭
　　　　東京都立大学大学院理学研究科非
　　　　常勤講師
　　　　工学博士　体育学修士
著　書　「精神遅滞者の肥満と運動」（1992
　　　　年、同成社）、「知的障害者の運動
　　　　トレーニング」（2000年、同成社）、
　　　　「高齢者の転倒予防トレーニング」
　　　　（2002年、ブックハウスエイチディ）他

2003年4月10日発行

著　者　小　野　　　晃
発行者　山　脇　洋　亮
印刷者　㈱深高社
　　　　モリモト印刷㈱

発　行　東京都千代田区飯田橋4-4-8　同成社
　　　　東京中央ビル内
　　　　TEL 03-3239-1467　振替00140-0-20618

　Ⓒ Ono Akira 2003 Printed in Japan
　ISBN 4-88621-269-7　C3075